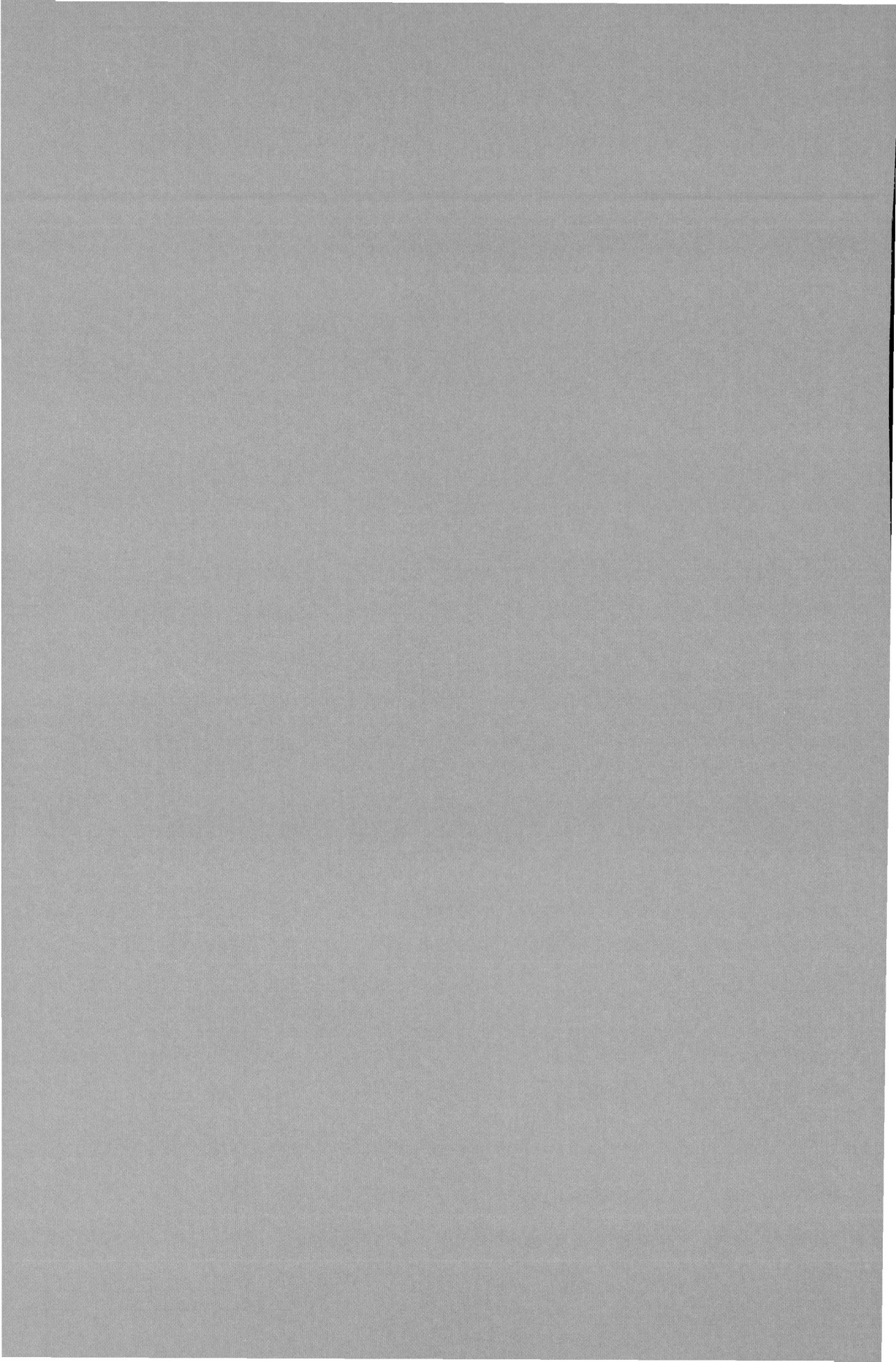

高职美育

高等职业教育新形态一体化教材

发 现 美／感 受 美／鉴 赏 美／实 践 美

主 编 佘 谦 张艳芳 汪 艳

副主编 陈红梅 胡正祥 高 嘉
沈晓阳 王翔宇

中国教育出版传媒集团

高等教育出版社·北京

内容简介

　　本教材是高等职业教育新形态一体化教材。本教材扎根中国、融通中外，体现国家和民族基本价值观，充分体现思想性、民族性、创新性、实践性。在体例设计上，本教材有别于将"美"悉数分类的阐述思路，注重实际教学应用，尝试与教学创新手段结合，突破传统教学模式，以任务式、手账式、理论与实践一体式进行章节设计，从对美的思考，到美的溯源，到视觉、听觉等感性素质的审美体验，并切身关注和发现本土文化之美，再到精神层面自我价值目标的培养、美的人格品质塑造，循序渐进、由浅入深、由外向内，使学生对美进行全方位感悟。本教材既有课前审美探索、课后审美实践，也有"美的思考""美的想象""美的讨论"等课中任务，还有拓展阅读以及相关数字资源。通过引导学生对美的基本知识和规律的学习，从而认识美、发现美和创造美，培养具有审美修养和文化创新意识的高素质技术技能人才。本书配套有二维码链接的数字资源，可供读者扫码学习。教师如需获取本书授课用 PPT 等配套资源，请登录"高等教育出版社产品信息检索系统"（https://xuanshu.hep.com.cn/）免费下载。

　　本教材既可供高等职业院校美育课程教学使用，也适用于对美育感兴趣的普通读者。

图书在版编目（CIP）数据

　　高职美育 / 佘谦，张艳芳，汪艳主编. -- 北京：
高等教育出版社，2024.1
　　ISBN 978-7-04-060882-3

　　I.①高… II.①佘… ②张… ③汪… III.①美育 –
高等职业教育 – 教材　IV.① G40-014

　　中国国家版本馆 CIP 数据核字（2023）第 138104 号

GAOZHI MEIYU

策划编辑	方　雷	责任编辑	李沁濛　方　雷	封面设计　赵　阳	版式设计　徐艳妮
责任绘图	杨伟露	责任校对	吕红颖	责任印制　刘思涵	

出版发行	高等教育出版社	网　　址	http://www.hep.edu.cn
社　　址	北京市西城区德外大街 4 号		http://www.hep.com.cn
邮政编码	100120	网上订购	http://www.hepmall.com.cn
印　　刷	天津画中画印刷有限公司		http://www.hepmall.com
开　　本	787mm×1092mm　1/16		http://www.hepmall.cn
印　　张	14		
字　　数	280 千字	版　　次	2024 年 1 月第 1 版
购书热线	010-58581118	印　　次	2024 年 12 月第 3 次印刷
咨询电话	400-810-0598	定　　价	42.80 元

美是纯洁道德、丰富精神的重要源泉。美育是审美教育、情操教育、心灵教育，也是丰富想象力和培养创新意识的教育，能提升审美素养、陶冶情操、温润心灵、激发创新创造活力。美育教育以提高学生审美和人文素养为目标，加强德、智、体、美、劳相融合，充分挖掘和运用各学科蕴含的体现中华传统文化与民族审美特质的心灵美、礼乐美、语言美、行为美、科学美、秩序美、健康美、勤劳美、艺术美等丰富美育资源。高职美育的主要任务是要培养学生正确、健康的审美观念。学生只有形成正确的审美观念，才会对美有正确的认知和鉴赏，才能真正感受美，才会通过自己的努力去创造美好事物。

党的十八大以来，习近平总书记高度重视学校美育，从培养担当民族复兴大任的时代新人战略高度，多次对做好美育工作作出重要指示批示。2020年10月，中共中央办公厅、国务院办公厅发布《关于全面加强和改进新时代学校美育工作的意见》。为贯彻落实党的二十大精神和习近平总书记关于美育工作的重要指示，结合高职教育的专业特色，进一步强化高职院校美育课程的育人功能，构建德智体美劳全面培养的教育体系，教材编写组以传承中华美育文化、提高学生审美情怀和人文素养为目标，根据多年美育课程教学实践经验，组织美育一线教师编写了这本教材。

本教材具有以下特色：

第一，坚持马克思主义指导地位，扎根中国、融通中外，体现国家和民族基本价值观，格调高雅，凸显中华美育精神，充分体现思想性、民族性、创新性和实践性。以提高职业院校学生审美和人文素养为目标，旨在通过引导学生对美的感知，了解与美相关联的基本知识和规律，认识美、发现美和创造美，培养具有审美修养的高素质技术技能人才。

第二，坚持理论与实践相结合的原则，突出高职美育教材编写的体验性与实践性，通过引导大学生对美的感知和追求去认识美、发现美和创造美，进一步增强当代大学生"四个自信"，为凸显中华美育精神，秉承中华传统美育，讲述中华民族对美的追求与创造所形成的独特的审美趣味、审美观念、教育理念与生活方式，唤起学生对生活、对生命的热爱，唤起内心的至善与良知，培育深厚的家国情怀。

第三，语言通俗易懂、案例分析生动活泼、内容编排图文并茂，结合当代高职学生学习认知的规律及特点，将教材分为八项任务，以美的认知为内在逻辑，旨在培养学生的审美趣味、审美观念，从而提高高职院校学生的审美和人文素养。教材从审美溯源到感官感知再到精神升华三个层面以达到实现自我价值目标培养、人格品质塑造的目的。

任务一走进美的认知，即美是什么。以美学理论为指导，对美的本质以及美育的人文内涵及教育功能进行阐述。任务二寻找美的起源。通过追溯远古人类文明中美的产生、发展，引领学生开启对美的思考和关注。任务三捕捉美的掠影。通过色彩的语汇、构图与造型，光影的捕捉，中外不同风格的绘画作品的解读和鉴赏，促进学生视觉审美能力的提升，拓展审美艺术实践。任务四感知美的频率。结合丰富多彩的乐器音色辨析以及经典音乐作品的解读，培养学生细腻的听觉感知，了解多方面的听觉审美艺术。任务五塑造美的品质。将社会主义核心价值观融入审美教育中，通过学习了解美的品质，为未来的生活、工作奠定基础，为全面建设社会主义现代化国家而努力奋斗。任务六学会美的表达。结合书法鉴赏、文学、阅读、写作等内容，重在对学生美的实践能力的培养，提升学生美的表达能力、思维能力以及创作能力。任务七发现地方之美。将地域文化特色、民族传统文化传承与学生审美教育相结合，通过地方服饰、歌曲、舞蹈、民间传统工艺等文化内容，激发学生强烈的人文情感共鸣。任务八呈现生命之美。启发学生思考科学、艺术与生命三者的关系，并使学生通过艺术感知世界、感悟生命的意义。本教材特意在每项任务中穿插了"美育手账"板块，让学生在学习过程中，结合知识点和专业特点制作"美育手账"。以提升学生的学习兴趣，培养学生创造美的能力，通过建构和完善学生审美知识结构，进一步指导学生进行美的创造或实践，并鼓励他们创作与分享审美实践作品。

本教材由云南交通职业技术学院佘谦、张艳芳、汪艳主编，学校美育教研室团队老师共同参与编写。其中主编佘谦负责任务一、任务二、任务四、任务七、任务八内容编写及审稿，主编张艳芳负责任务一、任务六编写及教材编写统筹协调工作，主编汪艳负责任务五编写及审稿、副主编陈红梅完成了任务三编写、副主编胡正祥完成了任务六编写、副主编高嘉负责审稿、副主编沈晓阳负责任务三及手账页面设计、副主编王翔宇负责任务八的部分内容编写。参编人员中赵一笑负责任务七的部分内容编写、屈嘉负责任务七的部分内容编写、蒋莹负责任务二的部分内容编写、李洋负责任务五的前期资料整理、张文珍负责任务一的前期资料整理、苏婉迪负责任务六的前期资料整理、郭志辉负责审美实践内容资料整理、李洋负责任务三的部分内容编写及原创摄影作品补充、赵颖负责任务七部分内容编写、邱添负责课堂审美活动内容资料整理、虎娇玫负责拓展阅读资料整理。

本教材将社会主义核心价值观融入审美教育、融入教材、融入课堂。在编写过程中，广泛吸取国内外专家、学者的研究成果，在此，谨向有关专家、学者致以衷心的感谢。本教材所配部分摄影作品由参编人员云南大学在读研究生李洋拍摄，已获人像肖像权，在此表示感谢。同时感谢高等教育出版社编辑方雷、李沁濛等各位老师的辛勤付出，感谢学校领导和人文艺术学院领导，他们的大力支持使教材得以出版面世。由于编者的理论素养和学识水平有限，书中难免有不妥之处，敬请读者批评指正。

编写组

2023 年 10 月

● **任务六**
学会美的表达

● **任务七**
发现地方之美

● 任务八

呈现生命之美

任务一

走进美的认知

课前关键词自查：
美学、美育

课前审美探索

美的时光机

写下你认为什么最美?并对自己未来期望的美好人生埋下憧憬,提交并封存。

你认为什么最美?

未 来 自 己 的 信

未来的自己,请一定要保持对生活的热爱

未来的自己,请一定

未来的自己,请一定

致未来自己的一封信

未来的自己:

　　你好!

　　　　　　　　　　　　　　　　　　　　　　　　　年　　　月　　　日

人类对"美"的认知伴随人的演化，由觉醒、自觉走向期待。人类的审美实践源远流长，审美意识早已产生，伴随着生产劳动实践，人类的审美实践也就开始了。在这种实践中形成的审美意识，不仅丰富着人的生活和促进着人的发展，同时也成为人区别于动物的重要标志之一。无论中国还是西方，美育实践以及关于美育的思想学说，古已有之且薪火相传，但是，美育作为一门独立的学科出现却是自近代开始的。美学和美育是相关而不相同的两门学科。美育，即审美教育。20世纪初期，在中国社会发生巨变不得不开始现代化的历史进程中，王国维、蔡元培等人将西方的美学、美育理论引入我国，经过百余年的发展，尤其是经过中西文化不断的交往、碰撞与融合，一种新的以人本身的生存、幸福、全面发展为价值导向的美育观正在形成。本章将通过领略中西方对于美的认识、定义来走近美、感受美。

一、何为美

（一）美的定义

每一个人对于美的感受从来就不是相同的，因为我们有着不同的自我意识；但美感却是可以相通的，因为我们同样属于整体意识的一部分。美的定义在于对美的感受、理解和想象，美是我们意识的内在部分，基于意识整体的方向。对于美的定义已经经历了一个历史的过程，因为美感对于任何一个有意识的人来说都并不陌生，但对于美究竟是什么，人们却似乎总是无法找到一个确切的答案。

早在两千多年前，中西方的哲学家们就注意到对美的研究，企图对美作出科学的解释。于是在探索美的道路上，留下了他们的足迹。

古希腊哲学家柏拉图的美学思想与其哲学思想一样是基于理念论的，美的理念（存在）是美的具体事物（感性存在）之所以美的唯一和根本原因。他肯定和谐是美的基本特征，认为不仅是艺术，一切合理的完善的和美的事物，都像音乐一样达到内部各种倾向、力量的和谐。而这种和谐作为美的范畴，则是毕达哥拉斯提出的。

希腊修辞学家郎吉弩斯提出了另一个美学范畴——崇高。他在《论崇高》中说："从生命一开始，大自然就向我们人类心灵里灌注进去一种不可克服的永恒的爱，即对于凡是真正伟大的，比我们自己更神圣的东西的爱。"他认为艺术应具有崇高的风格，作者须有"伟大的心灵"，崇高不是别的，正是"伟大心灵的回声"。崇高的思想当然属于崇高的心灵，崇高是人超越自身的一种境界，崇高是自然的赐予。

黑格尔《美学》中认为"美是理念的感性显现""正是概念在它的客观存在里与它本身的这种协调一致才形成美的本质"[①]。自然美是理念发展到自然阶段的产物，艺术美是理念发展到精神阶段的产物，艺术美高于自然美。艺术只有通过心灵理念才能变为真正真实的和显示的，才能具有自由和无限的形式。美学的范围在于艺术美，而不是自然美。艺术从象征、古典到浪漫的转化是精神自由的、无限的理念要求冲破一切物质形式的束缚回到其本身，在绘画、音乐、诗歌中物质因素削弱到最低限度，精神得以更自由地表现。

车尔尼雪夫斯基在《艺术与现实的审美关系》中提出了"美是生活"的定义，坚持美以及艺术都来源于现实生活，强调现实美高于艺术美，反对纯艺术论。艺术再现生活现实，是生活的代替品。桑塔耶纳在《美感》中强调美是积极的、固有的、客观化的。门罗提出美学作为一门经验科学，它的研究领域主要有两组现象，艺术品以及与艺术作品有关的人类活动。

中国古代的美学遗产非常丰富，早在公元前五六百年，先哲们便开始了对美的探求。老子《道德经》说："天下皆知美之为美，斯恶已。"道家思想中的美与不美本就是一个整体，《老子》与《庄子》两部著作都没有直接回答"美是什么"，但从其总体论述看，他们对美实质上是有看法的。如《老子》第二十五章有一段话："有物混成，先天地生，寂兮寥兮，独立而不改，周行而不殆，可以为天下母。吾不知其名，强字之曰'道'，强为之名曰'大'"。这段话表明，在老子看来，道是万物的父母，而道的感性显现，就稳定成为美。天地中存在着美，而天地之所以美，就因为它体现了作为天地万物之母的"道"，所以，道才是美的真正根源。换句话说，在老子看来，美就是道。这里说的"道"，尽管说不清、道不明，但

---

① 黑格尔. 美学 第 1 卷 [M]. 朱光潜，译. 北京：商务印务馆，2017：143.

又无处不在。我们可以把它理解为高于天地万物的整个宇宙的自然规律。

孔子以"仁"为核心的美学思想也表现在他对自然美的审美倾向中。他提出"智者乐水，仁者乐山"的看法。《论语·里仁》又提出"里仁为美"的主张。"里"就是指居住之地，即主张居住在有仁德的地方。这里的"美"也是善的意思。因此，孔子对人的美提出了"文质彬彬，然后君子"的思想。"君子"是古代对男子的美称。怎样才算得上一个美的男子呢，孔子认为应当是文与质高度的和谐统一，"文"在这里是指一个人的外在言行风度，"质"可以理解为人的内在品德修养，意思是一个人应当文质兼修才能够称得上是"君子"。

孟子把人性分为善、信、美、大、圣、神六等，美居其中。在他看来，美不仅要以善和信为基础，而且是善、信高度融合所达到的一个新的高度。荀子作为儒家学派的继承者，他说："无伪则性不能自美。""伪"就是人为之意。这句话的意思是没有经过人为的训练学习，那么人性就不会自然而然地呈现美，比起孔子孟子的性善论是一大进步。除以仁为核心之外，荀子把"知"纳入了人性美的框架，对人格美的内涵有了新的认知。在他看来人格美应包含两个方面：一方面是"礼"的修养，并且认为人的外在美是由其内在之美德决定的。他认为人的衣冠容貌之所以美，根源于其内在仁德修养的完全彻底。另一方面，他又强调知识学问修养对人的美的重要作用。提出"君子之学，以美其身"，这里的"学"，就包括知识学问。荀子这种把知识纳入人性美的内容的思想，有其不可忽视的历史价值。

何为"美"的释义？中国美学史上，《尔雅·释诂》首次对"美"进行阐释："旺旺、皇皇、藐藐、穆穆、休、嘉、珍、祎、懿、铄，美也。"但这种诠释方法是描述式而非概括性的定义，即只是对美的现象的罗列，而没有对"美"自身的本义、本质作概括性归纳。"美"的首次概括性定义出自东汉许慎《说文解字》，"美，甘也。从羊从大。羊在六畜主给膳也。美与善同意。"[1]且不说许慎是否理解美的本质，但他认为"美"是一个会意字，即"从羊从大"，只有"羊大"才"甘"，才"善"。唐代徐铉注释"从羊从大"为"羊大则美，故从大。"他支持许慎的观点，并提出相应依据：羊，大则肥，肥则甘，甘则美。如此，

---

[1] 许慎. 说文解字点校本 [M]. 陶生魁，点校. 北京：中华书局，2020：120.

"美"字作为一个会意字的性质被首次明确确定下来。

许慎、徐铉等古文字家将"美"看作会意字，释为"从羊从大""羊大则美"，显然是把"美"的本义理解为味觉感受，即美味。但"美"还产生了许多引申义如形貌好看、素质优良、优美、艺术性强、精致、质量高、肥沃、景物佳胜、茂盛、丰收、成长、成熟、贵重、完美、淳良、有巨大业绩、品德志趣高尚、有长处才能、喜乐、舒服、美满、称赞、褒奖等。以下为"美"字的三种字体，分别为甲骨文、小篆和楷体字形（图1-1）。

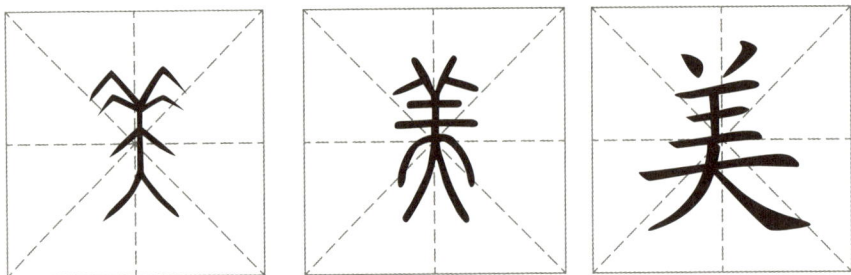

▷ 图1-1　三种"美"的字体

因此对于汉字"美"的释义有以下四点：

（1）羊作为六畜之一，也是古代食物的主要组成部分之一。因此"羊"就成了"养生"之食，在中国，美的本义和审美意识，都是从"吃"起源的。

（2）"美"字起源的另一说法是指古人劳动或喜庆时，头戴羊角载歌载舞之人。

（3）羊秉性温和代表象征着善良随和，吉祥如意。"和"即不偏不倚、不过不及，古人称为大德。

（4）从哲学意义上说，美的即为善的，或美包括在善在内，却比善更加高级完备。

美是意识的内在，美感是意识对于美的感受，而物质则更多是审美的对象。美在毕达哥拉斯、柏拉图表现为和谐，在郎吉弩斯、博克表现为崇高，在康德、黑格尔表现为自由，在车尔尼雪夫斯基、桑塔耶纳表现为客观或现实。无论是道家的"天地大美"还是儒家的"尽善尽美"，由于不同意识观察美存在的角度，对于美的理解是不同的，而这种不同恰恰是美之所以为美的理由之一。

（二）美的本质

美有其属性或特性吗？美的本质是什么？

比如我们听到悠扬的琴声、悦耳的鸟鸣、欢快爽朗的笑声，看到美丽的景象、动人的舞蹈、有意义的电影等这些可以让我们感到开心的事物，就是美的感受。相反如果一些事物让我们精神发生消极、痛苦、悲观的变化，比如刺耳的噪声、扰人的流言、荒唐的迷信这些事物，就是丑的。

这里就要谈到美学研究的范畴，美学研究与美的本质密切相关，研究的是美的本质的各种不同表现形态。美学的基本范畴是美和美感，美学的其他概念都是美和美感这两个基本范畴的具体展开。

当人们用理性干涉感性现象，试图研究所有能够引起人美感的具体现象中所具有的共同点，也即研究这些现象到底因哪些共同的特征、因素、条件等，使人们感觉它们是美的，这时美学便产生了。

美学作为一门独立学科的形成应当是 1750 年，以德国哲学家亚历山大·戈特利布·鲍姆嘉登《美学》一书的问世为标志。

美学是研究人与世界审美关系的一门学科，即美学研究的对象是审美活动。审美活动是人的一种以意象世界为对象的人生体验活动，是人类的一种精神文化活动。

美的思考

美是在心还是在物？美和美感谁是第一性？美是主观的还是客观的？

1. 美的特性

（1）形象性

美作为内容与形式的有机统一，其内容都要通过一定的形、声、色等物质材料所构成的外在形式表现出来，也就是说都有一种具体可感的形态即具有形象性。形象性是美的最基本的特性。

美具有形象性，但并非一切形象都是美的。也就是说，一切审美对象必须是个别的，具体的，形象的，人们可以通过感觉、知觉、直觉等一系列审美心理活动直接感受得到的，否则就无法进入人的审美领域。比如诗歌中的形象，音乐、绘画、雕塑中的形象，自然科学理论中的美，等等。

（2）感染性

美是诉诸人的情感，以情感人、以情励人、以情悦人的，这就使美获得了感染性。美的感染性是从内容与形式的统一中体现出来的，并主要来自美的内容，即通过感性形式所显示人的本质力量以及凭着自己的本质力量创造的生活。

美的感染性同创造性不可分割地联系着，同时也同人类社会进步性相联系，因此是充满生气和创造性的。人与动物的根本区别在于人拥有能进行有意识的社会实践活动的能力。这种社会实践活动是人创造生活、改造世界的能动活动，这种社会实践活动的能力就是人的本质力量，也就是人的自由创造的力量。

（3）客观社会性

美是人类社会实践的产物，美既是客观的，又是社会的，它既不是以人的主观意志为转移的客观存在，同时又不是脱离人的社会生活的纯粹的自然存在的东西。

美随着社会实践的发展而变化，具有鲜明的社会性。马克思提出："劳动创造了美"就说明美是一种社会现象并和人类的社会实践紧密联系在一起，它的产生过程中，始终离不开人类的实践活动。同时美也是随着时代的发展而不断变化的。古代人认为美的，在现代人看来不一定是美的，但美有一定的历史继承性。

（4）新颖性

美具备新颖、独特、与众不同的属性。美的新颖性来源于人的自觉、自由的、具有创造性的实践活动，是人的本质力量丰富性、发展性的独具特色的体现。人类自由自觉的实践活动本身就具有新颖性、创造性，因为人的本质力量总是积极的、向上的。比如艺术。

艺术美的价值既表现在内容上有所创造，又表现在形式上有所革新。自然美、社会美也有其独特性。当人类通过自己的实践活动使自然物、社会物对人可亲、于人有利时，它才以独特的方式直接或间接地肯定与显示出人类创造新生活的能力，才具有独特的审美价值。美具有独创性才能显示事物的独特性，才能给人以强刺激，引起人的注意和探究，以满足人的发展的多样审美需要。

2. 艺术美

艺术美的创造性十分突出，一切成功的艺术作品，无不具有鲜明的独创性而屹立于世界艺术之林。内容的进步性、深刻性、新颖性，形式的完美性、独创性，是艺术美的重要标志。

荣格提出审美经验和艺术创造取决于人类的集体无意识，美感来源于艺术幻想，幻想来源于集体无意识中的神话原型和意象，来自人类心灵深处的某些陌生的东西，它们像是来自人类史前时代和原始经验，通过遗传存在于个人的无意识的最深层。当审美对象能够唤醒、触发或符合了审美主体中深藏的集体无意识的原始经验或意象时，社会即可得到强大持久的美感和美学效果。

案例 凡·高《三双鞋》

凡·高画的鞋子一共有七幅作品，第一幅创作于1886年，最后一幅创作于1888年8月。这之中有皮鞋、皮靴、套鞋，有变了形的、磨破底的、断了鞋带的、皱皱巴巴的。他把它们翻来覆去地画，有正面、侧面、平视、俯视。作品（图1-2）中描绘的农鞋在当时是农民常穿的、再普通不过的农鞋，而且已经磨损得有些破烂，上面还粘着泥土。据说凡·高为了达到自己想要的表现效果，从市场上买回一双鞋，并穿着鞋子在巴黎泥泞的大街小巷徘徊了数周。这个阶段的凡·高受荷兰现实主义风格的影响，整幅作品画面深沉，带有极为质朴的乡土气息。

▷ 图1-2 凡·高《三双鞋》

1935 年，海德格尔在《艺术作品的本源》中，通过几双鞋讨论了器具的有用性。他认为器物一旦被艺术的框架框起来，就会显示出与日常用途不同的意味。画中的鞋昭示了田野大地的呼唤，在农夫的世界得到保护。因此它们已由普通的鞋转化为能展示无尽诗意的艺术品。

鞋具磨损的内部那黑洞洞的敞口，凝聚着劳动步履的艰辛。这双硬邦邦、沉甸甸的破旧农鞋，聚积着那双寒风料峭中迈动在一望无际的永远单调的田垄上的步履的坚韧和滞缓。鞋皮上还粘着湿润而肥沃的泥土。暮色降临，这双鞋底在田野小径上踽踽独行。这鞋具里，回响着大地无声的召唤，显示着大地对成熟谷物的宁静馈赠，表征着大地在冬闲的荒芜田野是朦胧的冬冥。这器具浸透着对面包的稳靠性无怨无艾的焦虑，以及那战胜了贫困的无言喜悦，隐含着分娩阵痛时的哆嗦，死亡逼近时的战栗。[1]

二、中国美学观

在中国传统教育中十分强调"诗教"和"乐教"。小学"习小艺焉，履小节焉"，涵盖六艺即"礼、乐、射、御、书、数"；大学"学大艺焉，履大节焉"则学习六经即"诗、书、易、乐、礼记、春秋"。无论"小艺"还是"大艺"，也无论履"小节"还是"大节"，"诗""乐"均是重要教育内容。礼乐在社会中的广泛作用及其所占据的特殊地位，决定了它必然会成为教育中一项十分重要的内容。在我国从夏、商、周三代开始，学校教育便逐步确立，以品德培养为主要目的。古代统治者制礼作乐，并非单纯为了满足口腹耳目的欲望，而是要教导民众节制自己的好恶之情，从而归于正确的人生之途。这一思想对后世产生了极为深远的影响，成为古代教育的指导思想。可以说，在我国绵延数千年之久的传统文化中，以"乐教"为核心内容的美育始终占据着十分重要的地位。这不仅使我国古代美育思想十分丰富，而且也是形成我国古代美育思想独特的价值旨向和理想旨趣的直接实践基础。

① 刘小枫. 诗化哲学 德国浪漫美学传统 [M]. 济南：山东文艺出版社，1986：229.

（一）古代中国美学观

1. 儒家美学观

孔子是中国古代伟大的教育家、思想家，儒家学派的创始人，他的美学思想是整个儒家美学思想的核心与基础。与古希腊相比，中国古代更为重视人格的教育。以孔子为代表的儒家学派所关注的核心问题就是如何通过礼乐教化培养"文质彬彬"的君子。孔子认为，一个人的健全成长和健全人格必须"兴于诗，立于礼，成于乐"（《论语·泰伯》）。可以说，自有教育以来，"音乐""诗歌"这类明显的美育内容就融入其中。孔子特别重视诗教与乐教在人格培养中的重要意义。

诗教是人格教育的基础，乐教则使人格臻于最高境界。"不学《诗》，无以言。"（《论语·季氏》）"《诗》，可以兴，可以观，可以群，可以怨，迩之事父，远之事君；多识于鸟兽草木之名。"（《论语·阳货》）诗既可以感发意志，还可以增进对事物和社会的认识，有利于养成高尚的人格。

通过艺术的审美功能，使人受到感染浸润，在潜移默化中把外在的社会伦理规范（礼）变成一种个体自觉的内在要求，也就是他所谓的"知之者不如好之者，好之者不如乐之者"（《论语·雍也》）。"知之"仅仅是懂得，属于认识的阶段，"好之"有了内心的喜爱，可以转化为意志行动，而到了"乐之"层面，则不仅超越了认知、意志、功利态度，而且对主体而言，实际上已转化成一种自由的带有审美性质的人生境界即所谓"从心所欲，不逾矩"（《论语·为政》）。

2. 道家美学观

道家思想是中国文化的重要组成部分，其美学思想精髓影响了无数文人墨客。道家以老子、庄子为代表，提倡自然无为，与自然和谐相处。道家以道德、知足为美，讲究遵循大道贵信上德，道家美学的核心观念就是"天人合一"，在道家看来，天是自然，人是自然的一部分。因此庄子在《齐物论》中说"天地与我并生，而万物与我为一"。对于人与自然的关系，要顺应自然，无为而治。所以，自然、简洁、朴素、清净高远是道家美学的思想特征。

其突出表现为标举朴素之美或天然之美，即回归自然或天然的状况，它不是个体的"有为"之美而是"无为而为"的结果。《庄子·知北游》说："天地有大美而不言，四时有明法而不议，万物有成理而不说。圣人者，原天地之美而达万物之理，是故至人无为，大圣不作，观于天地之谓也。"天地本来就存在大美却不言语，道家相信美在自然或天然，而不在人为或人工。《庄子·秋水》讲述了这样的道理："牛马四足，是谓天；落马首，穿牛鼻，是谓人。故曰，无以人灭天，无以故灭命，无以得殉名。谨守而勿失，是谓反其真。"人为之美比不上天然之美，就像牛马本身就美，一旦被加上辔头和缰绳，就被束缚了自由，失去了天然之美。只有谨守事物之天然本性，才能恢复纯真、素朴的本性，这也成了中国古典山水画家共同的美学追求。

（二）近代中国美学观

近代中国美学观主要以蔡仪、李泽厚、朱光潜等美学家、哲学家为代表，他们构建了中国本土美学理论体系。

蔡仪的《新美学》指出美在于客观的现实事物，现实事物的美是美感的根源，也是艺术美的根源。他认为美存在于客观现实，美感是对客观美的认识，艺术是基于美感的创造。美论是整个体系的理论基础，美感论是连接美论与艺术论的中心。同时，《新美学》美感论的提出，是建立在批判当时流行的西方美感论和民国美感论的基础上。其次，就美感论的本质与根源而言，蔡仪指出美感在于"美的认识"，他继承"审美判断"的观念，提出"美的认识"是在客观现实的基础上产生的，既注重情感愉快、又注重理智满足的认识。[①]

李泽厚认为美是客观性和社会性的统一，所谓社会性就是社会发展的本质规律和理想。其美学代表作为《美的历程》。《美的历程》是中国美学史上的经典之作，凝聚了李泽厚多年的研究成果，他把中国人古往今来对美的感觉玲珑剔透地展现在大家眼前。《美的历程》从宏观鸟瞰的角度对中国数千年的艺术、文学作了概括描述和美学把握。其中提出了诸如原始远古艺术的"龙飞凤舞"，殷周青铜器艺术的"狞厉的

① 杨玉婵. 蔡仪《新美学》美感论研究 [D]. 保定：河北大学，2021：I.

美"，先秦理性精神的"儒道互补"，楚辞、汉赋、汉画像石之"浪漫主义"，"人的觉醒"的魏晋风度，六朝、唐、宋佛像雕塑，宋元山水绘画以及诗、词、曲各具审美三品类等等重要观念，多发前人之所未发。

朱光潜认为美是主客观的统一。美不是物本身，而是物的形象。表象是物的模样的直接反映，而物的形象是根据表象来加工的，结果物本身的模样是自然形态的东西，物的形象是美这个属性的本体，是艺术形态的东西。概括为"美的意象"，艺术美与自然美的统一性，是情景的契合，离不开人的创造。他说："物的意蕴深浅与人的性分情趣深浅成正比例，深人所见于物者亦深，浅人所见于物者亦浅。诗人与常人的分别就在此。"[①]美感的世界就是意象的世界，如陶潜的"悠然见南山"，杜甫的"造化钟神秀，阴阳割昏晓"，李白的"相看两不厌，只有敬亭山"，辛弃疾的"我见青山多妩媚，料青山见我应如是。"

（三）意象之美

中国古典美学的基本特征是强调主观心灵的感受和意趣抒发，讲求写意、情感寄托，将理性、功利、伦理道德融于美感直觉，不主张对现实外貌作机械琐细的模拟或抽象的玄想。在中国美学看来，人的情感必须遵从一定的社会原则，艺术的美应当乐而不淫，哀而不伤，求得中正无邪。这就把艺术与生活和严肃的人生课题联系起来。我们的世界不仅是物理的，有生命的世界，而且是人生活在其中与自然界融合至天人合一的世界。"空明的觉心，容纳着万境，万境浸入人的生命，染上了人的性灵……灵气往来是物象呈现着灵魂生命的时候，是美感诞生的时候。"[②]

空灵与自然的完美统一，是宋元山水画表达出的中国文人精神。中国人不像浮士德那样追求着"无限"。他发现了无限，表现了无限；是超脱的，但又不是出世的，最超越自然的而又最切近自然，是世界最心灵化的艺术，而同时又是自然本身。"远"是中国传统山水画的一种意境表达方式，从而从有限的空间到无限的空间，来表达人生的启发，"远"就是中国山水画的境界。

---

　① 　朱光潜. 诗论 [M]. 北京：开明出版社，2018：66.
　② 　宗白华. 美学散步 彩图本 [M]. 上海：上海人民出版社，2015：27.

案
例

分析以下案例，阐述画中表达的中国美学意境。

1.《潇湘奇观图》（图1-3）

▷ 图1-3 《潇湘奇观图》

作者：米友仁（1074—1153），一名尹仁，字元晖，晚号懒拙老人，祖籍太原（今属山西），定居润州（治今江苏镇江）。宋代画家，系北宋画家米芾长子，世称"小米"。

_____

_____

_____

2.《踏歌图》（图1-4）

▷ 图1-4 《踏歌图》完整及局部

作者：马远（1140—1225），字遥父，号钦山，祖籍河中（治今山西永济西南），长于钱塘（今浙江杭州），南宋绘画大师。

_____

_____

_____

三、何为"美育"

美离不开人的审美活动。美育是指培养学生认识美、发现美和创造美的能力的教育，又称美感教育或审美教育，是全面发展教育不可缺少的组成部分。

（一）美育概念的提出

美育概念，最早由 18 世纪德国思想家席勒提出。他在《美育书简》中围绕"美育"这个话题，构建了一个集诗性与逻辑性为一体的美育理论体系。席勒对美育的提出，是要解决当时国家内部矛盾的问题，其美育对象不分阶级、性别、年龄。中国古代虽然未提出"美育"的概念，但儒家"兴于诗，立于礼，成于乐"的教育理念，道家"坐忘""心斋"的审美方法，在理论上和实践中将美育融入育人全过程。中国古代思想家认为审美活动可以拓宽人的胸襟，使人具有长远的眼光、平和的心境，这对于一个人成就大事业有非常重要的作用。美在个体身上建立起和谐，审美趣味将和谐带入社会。

1. 席勒"游戏说"

1793 年，德国古典文学和古典美学最重要的代表人物之一约翰·克里斯托弗·弗里德里希·冯·席勒以书信体写成的《审美教育书简》（又译《美育书简》）一书，第一次在美学史上提出了比较系统和全面的美育理论，从理论上深刻阐述了美育的必要性和美育的意义，被后人称为"第一部美育的宣言书"，并以此作为审美教育形成独立理论体系的标志。

"游戏"是席勒美学思想的核心概念。席勒所说的"游戏"并不是指现实生活中的游戏，而是指与强迫相对立的一种自由自觉的活动，是一种审美的游戏或艺术的游戏。席勒极力主张通过美育来培养理想的人、完美的人、全面和谐发展的人。应当承认，从美育理论的发展历史来看，席勒对于美育的认识，确实突破了古希腊时期单纯把美育作为道德教育的特殊方式或补充手段的狭隘观点，把美育提到培养全面发展的人的高度来认识，对后来世界各国的美育理论产生了很大的影响。

2. 蔡元培"美育代宗教"

"美育代宗教"的思想贯穿于我国近代教育家蔡元培的一生。商务印书馆 1930 年出版的《教育大辞典》中有关于"美育"的词条，这个词条正是由蔡元培亲自编写的，内容是："美育者，应用美学之理论于教育，以陶养感情为目的者也。"由此可以看出，美育的落脚点还在于教育，美育是将美学的理论运用到教育过程中。

"吾国古代教育，用礼、乐、射、御、书、数之六艺。乐为纯粹美育；书以记述，亦尚美观；射御在技术之熟练，而亦态度之娴雅；礼之本义在守规则，而其作用又在远鄙俗；盖自数以外，无不含有美育成分者。其后若汉魏之文苑、晋之清谈、南北朝以后之书画与雕刻、唐之诗、五代以后之词、元以后之小说与剧本，以及历代著名之建筑与各种美术工艺品，殆无不于非正式教育中行其美育之作用。"①

蔡元培的"以美育代宗教说"提出已经有百年之久，这一概念的提出源于历史事实所带来的启示。蔡元培很早就发现了中国古代教育中有许多美育的内涵。早在新文化运动中，他就不止一次地提出"以美育代宗教"，强调美育是一种重要的世界观教育。蔡元培将宗教与美育进行对比，认为宗教具有明显的局限性："一、美育是自由的，而宗教是强制的；二、美育是进步的，而宗教是保守的；三、美育是普及的，而宗教是有界的"②因此，蔡元培提倡"以美育代宗教"，"鉴激刺感情之弊，而专尚陶养感情之术，则莫如舍宗教而易以纯粹之美育。"③在蔡元培看

① 蔡元培. 美育与人生——蔡元培美学文选 [M]. 济南：山东文艺出版社，2019：156.
② 蔡元培. 蔡元培美学文选 [M]. 北京：北京大学出版社，1983：68–71.
③ 蔡元培. 美育与人生——蔡元培美学文选 [M]. 济南：山东文艺出版社，2019：40.

来，以美育代宗教，使国人的感情勿受污染和刺激，使其受艺术熏陶而纯正，满足了人性发展的内在需求。

（二）新时代背景下的美育人生

教育的主要目标是塑造人和发展人。正如蔡元培所言："美育者，应用美学之理论于教育，以陶养感情为目的者也。人生不外乎意志，人与人互相关系，莫大乎行为，故教育之目的，在使人人有适当之行为，即以德育为中心是也。"

美育作为高校教育的主要内容之一，旨在培养学生创造美、欣赏美的能力。习近平总书记在全国教育大会上指出，要全面加强和改进美育，坚持以美育人、以文化人，提高学生审美和人文素养。随着经济全球化的快速发展，西方文化快速传播，对当代高职学生的文化自信产生了巨大影响。新时代下，在文化教育的过程中，美育起到了至关重要的作用，将美育与德育、智育、体育等方面有效融合，相互渗透，对高职学生的全面发展具有巨大的积极影响。职业教育培养具有审美修养的高素质技术技能人才，引导学生完善人格修养，增强文化创新意识，树立文化自信，开启幸福人生。

最高的人生境界是真善美的统一。美是真的世界的感性显现。当美的世界照亮了我们这个有情趣有意味的人生，就会给予我们一种爱的体验，就会激励我们去追求高尚的情操，激励我们去提升自己的人生境界。

1. 以中华优秀传统文化提升美育人生

美育是一种特殊的教育方式，随着我国优秀传统文化的发展与传承，美育的作用也不断凸显出来。礼乐教化作为我国古代广泛关注的文化传统，在一定程度上展现出"中和之美"，同时体现着教化育人的核心作用。在古代社会中，有代表性的儒家学派，形成了具有独特风格的美育思想，并且极力推崇人格、精神、境界合为一体的美育理念。美育旨在利用理性教育推动人的感性思维发展，通过激发想象力、情感表达等进一步了解我国优秀传统文化的发展和光辉历程，进而提高文化自信，提升美育人生。

美的讨论

数学中数与数常有巧合的关系；几何学上各种形式，为图案之基础；物理、化学上能力转移，光色变化；地质学、矿物学上结晶之匀净，闪光之变幻；植物学上活色生香的花叶；动物学上逐渐进化的形体，极端改饰的毛羽；天文学上星体的轨道与光度；地理学上各个地方的名胜；历史学上各时代人物与事迹……

请思考并分享你当前所学专业学科中的美。

2. 在校园活动中弘扬中华美育精神

"大学之道，在明明德，在亲民，在止于至善。"这句话出自儒学经典《大学》开篇，《大学》提出"大学"的规律、宗旨就在于弘扬人性中光明正大的品德，使人达到完善的境界，再推己及人，使人人都能摒弃邪恶，去除污染而自净其身，自我完善，自我发掘，弘扬人性中的真、善、美。

而学校生活与学习正为美育精神的培养提供了基础，除了美育课程的学习，在学校里学生可以通过文化艺术团、美育活动周等多种形式参与美的体验和实践，真正发挥美育的教育功能。例如参加创新创业活动、参观文化弘扬基地、参与艺术走进校园、合唱一首歌等活动，打造优秀的校园文化品牌，丰富学生校园文化生活，提升学生的文化自信。

3. 增强学生文化创新意识

美育对提升高职学生创新能力具有重要作用，主要表现在激发创新潜力、培养创新意识和形成创新人格等方面。钱学森先生提出，科学家的思维里面应该具有艺术，因为科学当中存在美学。传承美育精神，需要凝聚、融合与转化我国优秀传统文化，将博物馆中丰富的艺术品和文化遗产作为高校的教育资源，让学生在了解艺术的同时，能够学习传统文化的发展过程，从而发现优秀传统文化的艺术魅力。作为新时代大学生，可将文化艺术作品融入社会环境中，强化其服务社会的作用，从而使文化能够在实践中实现创新与发展。

美育，是审美教育、情操教育、心灵教育，也是丰富想象力和培养创新意识的教育，通过培养学生认识美、体验美、感受美、欣赏美和创造美的能力，提升审美素养、陶冶情操、温润心灵、激发创新创造活力。通过引导学生对美的感知、对美的追求去认识美、发现美和创造美，培养具有审美修养的高素质技术技能人才，进一步增强当代学生的"四个自信"，凸显中华美育精神，秉承中华传统美育，讲述中华民族对美的追求与创造过程中所形成的独特的审美趣味、审美观念、教育理念与生活方式，唤起学生对生活、对生命的热爱，唤起内心的至善与良知，培育深厚的家国情怀。

课后审美实践

通过本章的学习，开始思考怎样让美融入你的学习生活中。蔡元培先生说，清洁与整齐，是人人所能行的美。不将美置于高阁，列一个清单，看看自己哪些行为习惯是美的，哪些是不够美的或者应该改变的。

清单	道阻且长，行则将至；行而不辍，未来可期																		年		月			日		
美的行为习惯	1	2	3	4	5	6	7	8	9	10	11	12	13	14	15	16	17	18	19	20	21	22	23	24	25	26	满意度
01 坚持读书	✓	✓	✓	✓	✓	✓	✓	✓	✓	✓	✓	✓	✓	✓	✓	✓	✓	✓	✓	✓	✓	✓	✓	✓	✓	✓	满意
02																											
03																											
04																											
05																											
06																											
07																											
08																											
09																											
10																											
11																											
12																											
13																											
14																											
15																											
16																											
17																											
18																											
19																											

总结： 继续坚持美的行为习惯~

差的行为习惯	1	2	3	4	5	6	7	8	9	10	11	12	13	14	15	16	17	18	19	20	21	22	23	24	25	26	满意度
01 睡前不玩手机	✓	✓	✓	✓	✓	✓	✓	✓	✓	✓	✓	✓	✓	✓	✓	✓	✓	✓	✓	✓	✓	✓	✓	✓	✓	✓	
02																											
03																											
04																											
05																											
06																											
07																											
08																											
09																											
10																											
11																											
12																											
13																											
14																											
15																											
16																											
17																											
18																											
19																											

总结： 改掉坏习惯，从坚持做起~

拓展阅读　》

- 蔡元培《精神与人格》（图1-5）
- 朱光潜《谈美》
- 宗白华《美学散步》
- 李泽厚《美的历程》
- （德）弗里德里希·席勒，冯至、范大灿译《审美教育书简》
- （美）米哈里·契克森米哈赖，张定绮译《心流》
- 祝勇《故宫的古物之美》

图 1-5　《精神与人格》书影

任务二

寻找美的起源

课前关键词自查：
图腾、中国古代乐舞、古希腊艺术

课前审美探索

原始的想象

美，来自人类与生俱来的创造力和想象力。请探寻一件远古人类的美的创造物（如：壁画、彩陶、古老的建筑、哲学思想等）进行分享。同时，也想一想当下最能激发你想象力和创造力的事物是什么。

朱光潜在《谈美》一书曾说："美是事物的最有价值的一面，美感的经验是人生中最有价值的一面。"[①]从原始图腾到诸子哲学，从《诗经》楚辞到元曲南戏，从亭台楼阁到钟鼎瓷器，我们见证了"美"在古今中外历史与文化长河中淋漓尽致的呈现。

何为"美"的根源？李泽厚的主张是"自然的人化"，在他看来，自然的人化是马克思哲学在美学上的一种具体的表达或落实，也就是说，美的实质和根源来源于实践，因此才使得一些客观事物的性能、形式具有审美性质，并最终成为审美对象。这也意味着作为主体的人在审美上存在着不同的差别，有人喜欢梅兰竹菊，有人喜爱明月松风；有人喜听吴侬软语，有人好听秦腔川语；有人爱苏轼辛弃疾之豪放飘逸，有人爱柳永李清照之婉约深挚。作为实践主体的人不同，关于美的内容与形式的感受也大不相同。

如何体味"美"呢？诚如李泽厚所说："美作为感性与理性，形式与内容，真与善、合规律性与合目的性的统一，与人性一样，是人类历史伟大的成果。"[②]美是事物所固有的又是精神的，是物质本然的呈现又是精神活动的创造，人们通过视觉、味觉、听觉、嗅觉、触觉等感官系统获得对美的直觉认知，又在想象、联想和创造中丰富美的内涵。追溯人类对美的仰望，从抬头望向星空那一刻，便有了美。

一、原始的创造与想象

（一）何为图腾

"图腾"一词最早见于1791年人类学家龙格的著作《一个印第安译员兼商人的航海探险》中。图腾广泛存在于世界各地，包括中国、埃及、希腊、阿拉伯地区、以色列、日本等国家和地区。图腾崇拜的对象也极为广泛，有动植物、非生物及自然现象等，其中以动植物为主，动物又占绝大多数。

[①] 朱光潜. 谈美 [M]. 桂林：广西师范大学出版社，2020：13.
[②] 李泽厚. 美的历程 [M]. 北京：生活·读书·新知三联书店，2009：217.

将"图腾"一词引进我国的是清代学者严复，他于1903年翻译英国学者甄克思的《社会通诠》一书时，首次把"totem"一词译成"图腾"，由此"图腾"成为中国学术界的通用译名。

图腾作为一个群体的象征，主要是为了将一个群体和另一个群体区分开来。由一个图腾，人们可以推理出一个族群的神话、历史记录、习俗。在原始时代，某些自然物或是一些众生的画像，与他们的族群遗产有一些血缘上的联系。因此，某种动物或植物会成为某一族群的标志或象征。

中国远古的图腾种类十分丰富，原古先民在物质劳动与创造中获得了早期的审美启蒙，如山顶洞人已然懂得使用石头和骨头制作具有审美修饰意味的"装饰品"；出土于距今6000～5000年前新石器时代的红山文化玉猪龙，雕琢精细，造型古朴雄浑，为迄今所知最早的玉龙，极其珍贵，有"华夏第一玉龙"的美称。许多学者认为玉猪龙不仅是一种饰物，而且应是一种神器，一种红山先民所崇拜的代表其祖先神灵的图腾物。

众所周知，中国古代有四大图腾，分别是青龙、白虎、朱雀、玄武，又分别作为东西南北四神。四神兽的形象在中国传统建筑装饰中发挥了无与伦比的作用。而中国古代五行家们照着阴阳五行给东南西北中配上五种颜色，每种颜色又配上一个神兽：东为青色，配青龙；西为白色，配白虎；南为朱色，配朱雀；北为黑色，配玄武；黄为中央正色。

《山海经》中关于"女娲""伏羲"这一类人物的记载很多，这也是我国文化中关于龙蛇图腾的较早记载。如《山海经·大荒西经》郭璞注释"女娲，古神女而帝者，人面蛇身，一日中七十变。"这里的"人面蛇身"，指的或许正是一种远古氏族的图腾、符号和标志。包括开天辟地的盘古，也沿用着"人首蛇身"这一类神人的形象。闻一多曾提出，作为中华民族象征的"龙"的形象，是蛇加上各种动物而形成的。它是以蛇身为主体，接受了兽类的四脚，马的头，鬣的尾，鹿的角，狗的爪，鱼的鳞和须……

图腾是具有祖先性质特征的对象，也是信仰的对象。图腾作为民族的崇拜物和民族标志，常常对这个民族的文化和民族心理产生巨大影响。以龙为例，在中国古代典籍中，涉及龙的内容，几乎随处可见。《周易》作为中国古代最早的哲学著作之一，在很多地方都有涉及龙的语句。《礼记》中，将龙、凤、麟、龟合称为四灵。《山海经》中更是多次出现"鸟身而龙首""人身龙首""马身而龙首""龙身人颊"等相关记载，可见"龙"图腾在我国的悠久历史与重要地位。龙成了中华民族的象征（图2-1），无数中华儿女成了"龙的传人"。由于龙的这种至高无上的地位，人们编制了许多有关龙的故事，形成了许多与龙有关的民俗。

▷ 图2-1　北京故宫龙图腾影壁特写

在汉语词汇中，与龙有关的词语也多到不可胜数，例如《汉语大词典》中，单是以龙字为词头的词语就有数十个之多。图腾崇拜与图腾文化，在文化史上也占有重要地位。

美的想象

查找自己的姓氏图腾，溯源自己的姓氏审美符号。

（二）音乐起源及音乐之美

音乐，作为人类的一种社会现象，是伴随着人类的出现而产生的，或者更确切地说，它是人类社会发展到一定阶段的产物。中国早期文化是一种礼乐文化，礼和乐相互配合，用以治理国家，保持社会的和谐安定，这是中国文化的一大特点。在中国古代文化中，"礼"是外在的行为规范，其内容是"序"，也就是维护社会秩序、社会规范；"乐"是内在的熏陶和感发，其内容是"和"，也就是调和性情，使人的精神保持和谐愉悦的状态，生动活泼，充满活力和创造力，进一步达到人际关系和谐以及人与整个大自然的和谐。人与整个大自然的和谐，即"大乐与天地同和"，这是中国古代音乐追求的最高境界。

1. 音乐的起源

那么，音乐究竟是怎样起源的呢？古往今来的许多学者对音乐的起源问题做出了各种各样不同的解释：

（1）异性求爱说　以"进化论"闻名于世的英国生物家查尔斯·罗伯特·达尔文认为音乐起源于鸟鸣声。动物往往以鸣声追求异性，声音越优美越能吸引异性，于是动物求偶时争相发出更美丽的声音。动物，特别是鸟类的鸣声已具有乐音和节奏的因素。达尔文由此联想到音乐的起源，他认为声音不仅是语言以前的音乐，更是雌雄择偶的手段。原始民族中有些部族的歌就是模仿鸟叫的声音，小鸟啁啾，鸣声动人。这一学说在当时曾轰动一时。

（2）劳动起源说　主张此说的代表人物是奥地利音乐学者瓦勒谢克和德国经济学者布赫，前者在其著作《原始音乐》中，由非洲原始民族有关战争、狩猎时的舞蹈及强烈的节奏伴奏求得音乐的起源。后者在其著作《劳动与节奏》内将音乐的起源归纳为人类的集体劳动，且有系统地收集了希腊从古代到现代的歌谣及南洋原始民族的各种劳动歌曲，来研究劳动与节奏的关系，将音乐起源归结于在原始社会的集体劳动中，为了求得动作统一和效率所产生的劳动节奏。

（3）语言抑扬说　法国哲学家卢梭及英国哲学家史宾塞主张人类在感情兴奋、激动时所产生的昂扬语调即是歌曲。十九世纪德国作曲家格纳亦赞同此说。他们认为叫卖声大都成为旋律，由此得知音乐与语言有相当密切的关系。

此外，关于音乐起源还有情感说、巫术说、神创说等。从中国古代原始歌舞的记载中，我们可以窥见一斑。

2. 中国古代原始歌舞

原始人类崇拜自然，祈求天地万物勿与人类为害，并希望得到祖先们在天之灵的帮助和保佑，于是就创作了宗教性的祭祀歌舞。这类祭祀歌舞常用鸟兽的羽毛等作为舞蹈用具或装饰，表明这种祭祀歌舞的基础还是和原始人类的狩猎生活或畜牧生活相关。例如《吕氏春秋·古乐》

篇所记述的一个歌舞：

"昔葛天氏之乐，三人操牛尾，投足以歌八阕：一曰载民，二曰玄鸟，三曰遂草木，四曰奋五谷，五曰敬天常，六曰达帝功，七曰依地德，八曰总万物之极。"

"这个乐舞由三人表演，他们手执牛尾，且歌且舞。根据所唱八部乐歌的名称，可以大体看到乐舞的内容，包括了祭祀图腾祖先、天地万物等。其中所谓'玄鸟'，应该就是该部落所信奉的图腾，所以特作单独歌颂，而不与一般鸟兽同列。原始乐舞中，常有专门用以歌颂各氏族的图腾者。传说黄帝族以云为图腾，有《云门大卷》的乐舞。商人的始祖名契，传说是他母亲吞食了燕子卵而生下的，所以商人以燕子为图腾。燕子就是玄鸟，商颂中有《玄鸟》篇。"[①]

在原始崇拜中，人们通过音乐或舞蹈似乎比语言更能够与神进行沟通。

3. 最早的乐器

乐器，则是代表人类创造性的一种音乐工具，反映着人"用美的方式生活着"的优雅心态。如战国曾侯乙编钟，是现今最著名的一套编钟，也是中国早期典型乐器的代表，被称为湖北省博物馆的"镇馆之宝"；又如古琴，作为中国最古老的丝弦乐器，一直深受人们的喜爱，还流传着"高山流水觅知音"的佳话。音乐、乐器之所以受到人们的钟爱，是因为它们慰藉着人们的心灵，丰富着人们的感官与情感。

《晋书·隐逸列传》中说陶渊明："性不解音，而畜素琴一张，弦徽不具，每朋酒之会，则抚而和之，曰：'但识琴中趣，何劳弦上声！'"可谓将魏晋风流与音乐之美诠释得十分到位了。

现今世界发现的人类最早的乐器——贾湖骨笛（图 2-2），出土于中国河南省舞阳县贾湖遗址，距今

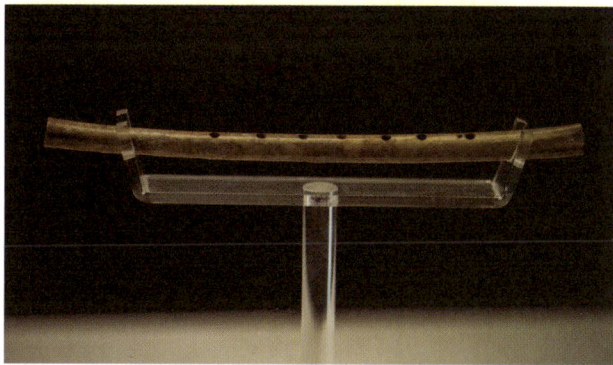

▷ 图 2-2 贾湖骨笛

---

① 夏野. 中国古代音乐史简编 [M]. 上海：上海音乐出版社，1989：5.

约 9 000 ～ 7 800 年。贾湖骨笛，不仅远远早于美索不达米亚的乌尔古墓出土的笛子，也比古埃及第一王朝时期陶制器皿状笛子和在化妆版上刻画的类似后世阿拉伯竹笛的笛子形象早，是迄今为止中国发现年代最早且尚能吹奏的乐器，同时也是世界上最早的可以吹奏的乐器。

贾湖骨笛作为 20 世纪最为重大的出土音乐文物之一，向世界吐露着中国远古音乐文化的信息，无疑为我们研究中国音乐与乐器发展史，提供了弥足珍贵的实物资料。贾湖骨笛能够改写的，远非整部中国音乐史那么简单。更为重要的是，贾湖骨笛作为罕见的史前乐器，作为中华民族必须翻越的从蒙昧走向文明的第一座珠穆朗玛峰，对此后闻名于世的中国礼乐制度，乃至整个中国文化和文明都有重要影响。

（三）原始彩陶与中国陶瓷之美

1. 原始彩陶

世界陶瓷艺术发展的两大源头一是中国，二是西亚。世界各地大多数新石器遗址都有陶器出土。他们都经历了从土陶、彩陶、黑陶或红陶向釉陶发展的过程，这是一个人类物质和精神同步发展的"陶器时代"。当我们的祖先学会用火的时候，便开始将土与火结合，制成了方便他们生活的各种不同形状的器皿，后来，这些器皿被我们称为"陶器"。随着各地不同时期的政治、经济、文化的变革，各地域的陶瓷艺术风格也开始产生不同的变化，于是就出现了今天我们看到的中国青花、朝鲜镶嵌、希腊几何纹样、英国锡釉等世界各地的陶瓷器珍品。

古希腊荷马时期（公元前 12 世纪—前 8 世纪），陶器多以几何图案的纹样装饰瓶身，包括一些线性装饰纹样、鸟兽纹样和人形纹样，主要描绘古希腊人的生活场景或是用于殉葬器物时描绘死者生前的英勇事迹。到了古风时期（公元前 8 世纪—前 6 世纪），彩陶风格进一步发展，产生了东方风格（早期柯林斯陶瓶）、黑绘风格（图 2-3）（《阿喀琉斯与埃阿斯掷骰子》）、红绘风格（图 2-4）（安多基德斯作品《赫拉克勒斯与阿波罗争夺神鼎》）。其中黑绘陶器是在红色底上用黑色描绘出身形的一种风格，而红绘陶器正好与之相反，上面的人物纹样等都为红色，而器底呈现黑色。

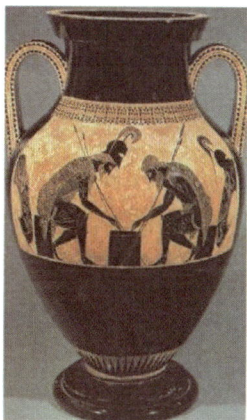

▷ 图2-3 黑绘陶器

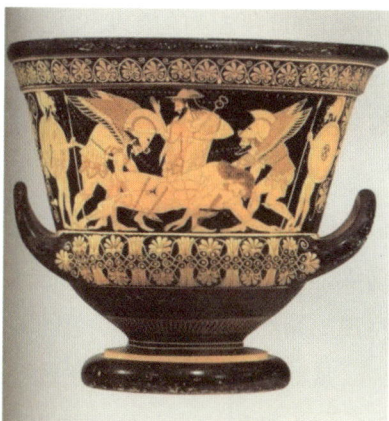

▷ 图2-4 红绘陶器

2. 中国陶瓷之美

中国是陶瓷的故乡，"China"这一单词的汉语意思是中国，而首字母小写的"china"的意思便是瓷器、陶器、陶瓷。

在中国，制陶技艺的产生可追溯到公元前4 500年至前2 500年，可以说中华民族发展史中的一个重要组成部分是陶瓷发展史，中国人在科学技术上的成果以及对美的追求与塑造，在许多方面都是通过陶瓷制作来体现的，并形成了各时代非常典型的技术与艺术特征（图2-5）。

▷ 图2-5 原始彩陶

（1）彩陶 在古代陶器中，彩陶是新石器时代彩绘陶器的总称，也是原始文化的重要标志。彩陶是我国陶瓷艺术中悠久的国粹艺术，早在距今 7 000 年左右的半坡文化时期，陶器上便出现了彩绘。彩陶艺术中融合了艺术家的各种创作思想、风格、语言，形成了风格各异而又多姿多彩的艺术珍品，是不可多得的文化瑰宝。

彩陶在烧制前用红黑矿物质作色料，在陶胎上绘各种装饰纹样，烧后洗刷不脱落。在打磨光滑的橙红色陶坯上，以天然的矿物质颜料进行描绘，用赭石和氧化锰作呈色元素，然后入窑烧制。在橙红色的胎体上呈现出赭红、黑、白等颜色的美丽图案，达到纹样与器物造型的高度统一，从而形成具有装饰美化效果的陶器。

（2）仰韶文化　仰韶文化最早于 1921 年在河南渑池仰韶村新石器时代文化遗址中发现，距今约 7 000 ～ 5 000 年。持续时间 2 000 年左右的仰韶文化，分布在整个黄河中游，即从今天的甘肃省到河南省之间，是黄河中游地区重要的新石器时代文化。

仰韶文化的制陶工艺相当成熟，器物规整精美，多为细泥红陶和夹砂红陶，灰陶与黑陶较为少见。其装饰以彩绘为主，于器物上绘精美彩色花纹，反映当时人们生活的部分内容及艺术创作的聪明才智（图 2-6）。另外还有磨光、拍印等装饰手法。造型的种类有杯、钵、碗、盆、罐、瓮、盂、瓶、甑、釜、灶、鼎、器盖和器座等，最为突出的是双耳尖底瓶，线条流畅、匀称，极具艺术美感。

（3）马家窑文化　中原地区仰韶文化的彩陶衰落以后，马家窑文化又延续发展数千年，将彩陶文化推向前所未有的高度（图 2-7）。

▷ 图 2-6　人面鱼纹彩陶盆

▷ 图 2-7　马家窑彩陶

马家窑文化，因 1923 年首先发现于甘肃临洮的马家窑村而得名。它出现于距今 5 800 多年的新石器时代晚期，历经了 3 000 多年的发展，主要有石岭下、马家窑、半山、马厂四种类型。马家窑文化以彩陶器为代表，它的器型丰富，图案极富于变化、绚丽多彩，是世界彩陶发展史上无与伦比的奇观，它源远流长地孕育了中国文化艺术的起源与发展，是中华远古先民创造的最灿烂的文化之一、是彩陶艺术发展的顶峰，是史前的"中国画"，是解读史前新石器时代晚期社会经济、文化、思想的"无字天书"。

（4）五大名窑　　五大名窑之说始见于明代皇室收藏目录《宣德鼎彝谱》："内库所藏汝、官、哥、钧、定名窑器皿，款式典雅者，写图进呈。"清代许之衡《饮流斋说瓷》中说："吾华制瓷可分三大时期：曰宋；曰明；曰清。宋最有名之窑有五，所谓柴、汝、官、哥、定是也。更有钧窑，亦甚可贵。"由于柴窑未发现窑址，又无实物，因此通常将钧窑与汝、官、哥、定四窑并称为宋代五大名窑（图 2-8）。

▷ **图 2-8　五大名窑器品**

汝窑属宋代五大名窑之首，窑址在今河南省汝州市张公巷方圆 30 平方千米，及蟒川乡严和村方圆 40 平方千米，即当时所辖的大营镇清凉寺村。事实上，自宋初以来便有了汝窑的烧制，北宋晚期更是汝窑的鼎盛时期。

宋代汝窑的花器在审美与实用上都称得上是中国陶瓷审美的巅峰，单色釉对烧造的要求高，造型的极致简洁雅朴，釉水愈加滋媚华彩，稍微一点瑕疵都会被放大。汝窑器在使用之后，会出现开片现象，这令器物的审美细节更为丰富。同时，器物使用的痕迹、主人的"手泽"，将会令物件拥有"我在""我与君同"的存在感，这种对旧物的关注，饱含着东方人对物与人之间关系的特殊情结。

（5）建水紫陶 云南是一个以汉文化为核心，少数民族文化共存，文化现象多元一体的区域。建水紫陶的整体艺术风格带有更多中国传统文化色彩，其装饰风格更具有文人趣味。因其独特工艺，建水紫陶与江苏宜兴陶、广西钦州陶、重庆荣昌陶并称为"中国四大名陶"。在四大名陶中云南建水紫陶和广西钦州陶的无釉抛光等工艺较为接近。四大名陶都采用当地的矿物泥料制作，充当茶器或日用品，因此得以继续生产并延续下来。

有一种关于建水紫陶的说法："声如磬，明如镜。"这种说法显然有夸张的成分，"明如镜"指的是将紫陶器的表面打磨得尤为光滑，如镜子一般能把人映照出来。现在市面上也有许多打磨光亮的紫陶器，但与陶器的气质不太相符，过分光滑、明亮的陶器与空间环境会产生不协调感。所以，在打磨过程中，需要掌握一个度，从而更好地彰显紫陶的气质，同时让手感和触感较为舒服。打磨恰当的建水紫陶陶泥非常细腻，在经过高温烧制和细致打磨以后，内部和外部的气孔结构不一样，壶内升温快，形成一个封闭的小环境，恰好适合陈年的生茶和熟茶的冲泡（图2-9、图2-10）。

美的探索

临摹或创作设计一款自己喜欢的彩陶样式。

▷ 图2-9 民国 紫陶博古瓶
  （摄影：王迎新）

▷ 图2-10 一水间紫陶九式——观止壶
  （摄影：王迎新）

二、美的仰望

（一）纯粹的朴素唯美主义——以古希腊为例

古希腊文明（公元前 6～前 5 世纪），是西方文明最重要和最直接的渊源。古希腊人在哲学、思想、诗歌、建筑、科学、文学、戏剧、神话等诸多方面有很深的造诣。这一文明遗产在古希腊灭亡后，被古罗马人延续下去，从而成为整个西方文明的精神源泉。在《希腊精神》一书的序言中陈嘉映直言："西方文明中我所热爱的一切，差不多都来自希腊。理性的开明，落落大方的竞争，坦诚和自信，对个人人格的尊重和对公益事业的热心，对身体美的热爱，思辨和求真的爱好，无穷的探索精神，赋予无形以形式的理智努力。"[①]

古希腊亦是欧洲文化的发源地，在科学、哲学、文学、艺术上都对欧洲文化的发展产生了深远的影响。正如恩格斯所说："没有希腊、罗马奠定的基础，就不可能有现代的欧洲。""一切伟大的思想来自悲观主义。真正伟大的人物都是一开始就悲观、绝望，置之死地而后生……最了不起的，是古希腊将'美'在人道中推到第一位，这是希腊人的集体潜意识。"[②]

希腊是个小国家，人口少面积小，然而却产生了至今无与伦比的伟大艺术。雅典是古希腊经济、政治和文化的中心，希腊的思想革命是民主思想的高潮时期，哲学家放弃对自然宇宙的研究，苏格拉底的"伦理哲学"思想使得哲学从此作为一门统一的学科进入了人本主义和系统哲学时期，使哲学"从天上回到了人间"。普罗泰戈拉提出"人是万物的尺度"的著名命题，为当时的民主制提供了理论根据，也为后来的西方现代民主思想提供了思想源泉。柏拉图形成了"形而上学"和伦理学体系，有关其政治见解和神学见解的自然哲学对于后世的哲学家和基督教神学保持着巨大的影响力。因此，西方评价，除了基督教，希腊文化是世界文化可以夸耀的一切的起始。而黑格尔则说："希腊是人类的永久教师。"

———————

① 汉密尔顿. 希腊精神 [M]. 葛海滨，译. 北京：华夏出版社，2014：6–7.
② 木心. 1989—1994：文学回忆录 上 [M]. 北京：生活·读书·新知三联书店，2020：58.

　　与古希腊哲学一样，古希腊文学包含了对宇宙、大自然以及人类的想象与思考，其类型包括神话、史诗、戏剧，以及寓言、抒情诗和文艺理论等。古希腊神话和《荷马史诗》为整个西方文学乃至世界文学提供了丰富的养分与源泉，为后人在历史学、地理学、考古学和民俗学等多方面的研究提供了参考，《荷马史诗》被认为是最伟大的古代史诗，成为西方古典文学的里程碑。《伊索寓言》是世界上最早的寓言故事集，同时也是世界文学史上流传最广的寓言故事之一。古希腊戏剧中的悲剧和喜剧成为西方最早的戏剧形式之一。古希腊的剧场和剧作对西方戏剧和文化的发展产生了持续而深远的影响。

美的讨论

说说你知道的古希腊人物。

　　古希腊建筑通过它自身的尺度感、体量感、材料的质感、造型色彩以及建筑自身所载的绘画及雕刻艺术给人以巨大强烈的震撼，其强大的艺术生命力令它经久不衰。其梁柱结构和建筑构件特定的组合方式及艺术修饰手法，深刻且久远地影响欧洲建筑达两千年之久。因此，我们可以说，古希腊的建筑是西欧建筑的开拓者（图 2–11）。

▷ 图 2–11　帕特农神庙

　　古希腊史学是西方史学的源头。古希腊历史学家希罗多德所著《历史》一书，是古希腊人写的第一部全面而系统的历史著作，也成为西方史学的开山之作。希罗多德创立的以史实为中心的历史叙述形式，为后世的历史叙述体奠定了基础，至今仍被作为编纂历史的通用体裁。

悠久的神话传说是古希腊雕塑艺术的源泉，也是古希腊雕塑的题材，是希腊人对自然与社会的美丽幻想，他们相信神与人具有同样的形体与性格，因此，古希腊雕塑参照人的形象来塑造神的形象，并赋予其更为理想更为完美的艺术形式。在整个西方美术传统中，古希腊雕塑占有十分重要的地位。而人体雕刻艺术又是古希腊雕刻艺术之冠。法国美术史家丹纳曾说："希腊人表现人体还有一种全民性的艺术，更适合风俗习惯与民族精神的艺术，或许也是更普遍更完美的艺术，这就是雕塑。"

（二）"天人合一"的哲学观

"天人关系"是中国哲学的一个基本问题，从原始宗教活动和巫风盛行影响的"绝地天通"（指的是帝尧或颛顼不允许巫再在神与民之间进行沟通），到轴心期天人关系的突破，以更加理性和现实的眼光来看待人和天的关系，天人关系反映着古人关于宇宙和人生的根本问题的思考。

"天人合一"的中国哲学思想，儒、道、释等诸家各有阐述。孔子、老子、庄子等都有对天人之学的相关表述，这也是中国古代哲人的智慧结晶。一般认为，"天"指天空，也指天道，还指自然大道，道家所说的"天"，多指自然与天道。"天人合一"多指人与道合，"天地与我并生，万物与我为一"的境界，也指天人相合相应。

孔子虽然受到商周时期天人观的影响，但他更多时候也认为天是自然之天，天是一个生命世界的创造过程，人的生命是自然界生命世界中的一部分，人与自然是一个整体，所以孔子说"天何言哉？四时行焉，百物生焉，天何言哉？"天按照其规律行事，养育万物，人活在天地间，就有了存在和完善生命的责任，于是，人生的意义和使命感就在天人关系中渐渐明晰。人的生命价值也在关注现实的理性精神中慢慢确立。孔子的天人观念，并不是将天视为一个超自然的有意志的人格神，而是一个生生不息的自然界，人成为万物之中最具有生命力的存在，体认天地之心为人心，人与自然、国家社会才能更好发展。

在自然界中，天、地、人三者是相应的。《庄子·达生》中说："天地者，万物之父母也。"《易经》中强调三才之道，将天、地、人并立起来，并将人放在中心地位。荀子把人看作是"最为天下贵"者，这就说明人的地位之重要。天有天之道，天之道在于"始万物"；地有地之道，地之道在于"生万物"，人不仅有人之道，而且人之道的作用就在于"成万物"。《易经》进一步说："《易》之为书也，广大悉备。有天道焉，有人道焉，有地道焉。"天地人三者虽各有其道，但又相互对应、相互联系。这不仅是一种"同与应"的关系，而且是一种内在的生成关系和实现原则。天地之道是生成原则，人之道是实现原则，二者缺一不可。

人是自然的一部分。因此庄子说："有人，天也；有天，亦天也"，天人本是合一的。但由于人制定了各种典章制度、道德规范，使人丧失了原来的自然本性，变得与自然不协调。人修行的目的，便是"绝圣弃智"，突破这些加于人身上的藩篱，将人性解放出来，重新复归于自然，达到一种"万物与我为一"的精神境界。宋明理学家张载所谓："为天地立心，为生民立命，为往圣继绝学，为万世开太平"以及"民吾同胞，物吾与也"体现的正是这种精神。在道家思想中，天人关系即"天人感应"，认为宇宙和人是相互交通的，由精气沟通天人之间的联系。

今天，整个人类社会都越来越重视人与自然之间的关系，重视生态文明建设，"天人合一"的观念启发我们，应该对自然有更多的敬畏之心与爱护之心，与自然这个大生命世界和谐共处，这是人的神圣使命，也是人的生命价值所在，更是美以及美的创造所在。

课堂审美主题活动

无论是原始朴素的美，还是中国哲学思想中的美，请找到他们在当代生活中的影子。

例如，奥林匹克运动会奖牌上的女神，是古希腊神话中的胜利女神尼姬（Nike），她是胜利的化身，她所到之处胜利也紧跟到来。奥林匹克运动会奖牌从1896年首届现代奥运会以来，经历了多次变化。自1928年阿姆斯特丹奥运会之后，夏季奥运会的奖牌正面多数沿用古罗马竞技场和胜利女神头戴桂冠坐在战车上凯旋的图案。而奖牌的反面没有硬性规定，主办城市的组委会可以按照自己的喜好设计（图2-12）。

▷ 图 2-12　北京 2008 年奥运会奖牌

_____

_____

_____

_____

_____

_____

_____

_____

课后审美实践

思考中西方审美文化的不同之处，并举例说明。	
中西方审美文化差异	举例说明

思考你所学专业的审美导向，更偏向于中国的审美文化，还是西方的审美文化，并阐述分享。

拓展阅读　》》

- 赵林《古希腊文明的光芒》
- 王迎新《美器重光：云南紫陶记》
- （以色列）尤瓦尔·赫拉利，林俊宏译《人类简史》（图 2-13）
- 李泽厚《华夏美学》

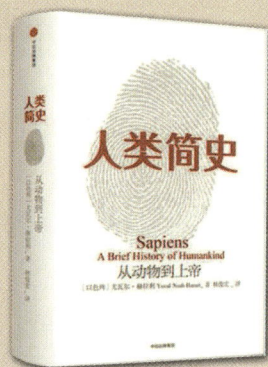

▷ 图 2-13 《人类简史》书影

任务三

捕捉美的掠影

课前关键词自查：

色彩、构图、光影

定格时光的美好

美好的景象总让我们心情愉悦。生活中、记忆里，我们常常会捕捉到那些定格在时光中的美好画面。闭上眼睛，呈现于你脑海里最美的画面是什么呢？

🖋 Note

从大街小巷的商铺装潢到琳琅满目的超市物品，从斑斓夺目的服装造型到深入体现角色个性的电影用色，绚丽缤纷的色彩运用，在生活中无处不在。人们对色彩的感知力是直接而快速的，据科学家分析：视觉看到物体的最初 20 秒内，色彩占据 80%，形体占据 20%；2 分钟后，色彩依旧占据 60%，形体和图像占据 40%。由此可见，色彩在人们对于事物的整体观察中，处于重要地位，具有很强的视觉刺激和感人的视觉魅力。

一、探寻美的色彩

（一）色彩的语言

色彩是由光从物体表面反射到人眼所引起的一种视觉心理感受，是最具表现力的视觉要素之一。

从字面意义来解读色彩，"色"即本色、原貌，即单一的颜色描述，着重在视觉；而"彩"即缤纷的颜色，着重在感受和体验。正是因为"色"的外貌呈现，才形成了"彩"的感觉。

根据种类解读色彩，"色"又被分为有彩色系和无彩色系。无彩色系是指黑色、白色、灰色，因其比例不同进行的调和形成了各种深浅不同的变化；有彩色系则是指红色、橙色、黄色、绿色、青色、蓝色、紫色，这七种色又因其明度和饱和度的不同形成不同的色彩基调。色的微妙变化与结合，才赋予我们五彩斑斓、缤纷多彩的视觉体验。因此，可以说，色彩是一种视觉体验，是由眼睛的生理反应和大脑对可见光的波长特性所作出的心理反应。

所谓的色彩语言即是运用色彩的搭配方法与技巧，进行美的组合，而这些方法与技巧需要基于一定的色彩基础知识，来自人们长期的色彩感知和视觉实践，是需要长期积累，甚至是逐渐养成的一种习惯。

1. 色彩三要素

（1）色相　即色彩的相貌，是色彩的首要特征，也是区别各种不同色彩的最准确的标准。色相之间的差别是由光波波长的长短产生的，即使同一类颜色，也分几种色相，如黄色可以分为柠檬黄、土黄等，如图 3-1 所示。

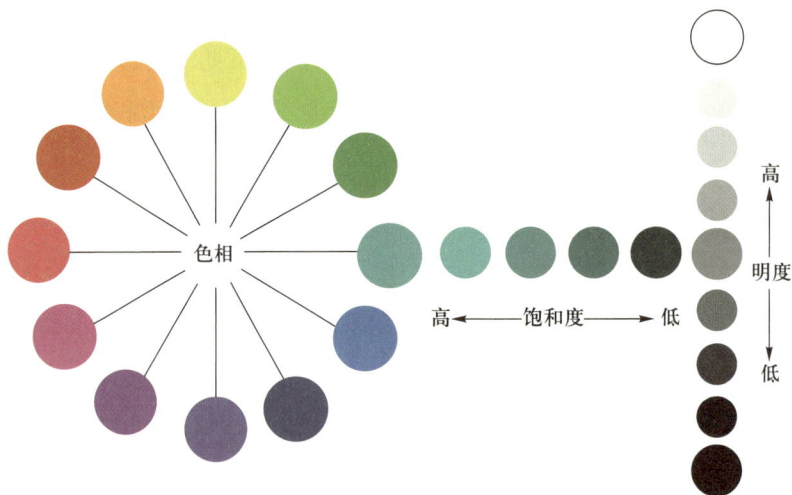

▷ 图 3-1 色环图

（2）明度 据物体的表面反射光的程度不同，色彩的明暗程度就会不同，这种色彩的明暗程度被称为明度。

（3）纯度 纯度即彩度，是指原色在色彩中所占据的百分比。纯度用来表现色彩的浓淡和深浅，纯度最高的色彩就是原色，随着纯度的降低，色彩就会变淡。纯度降到最低就会失去色相，变为无彩色，即黑色、白色和灰色。

2. 光色关系

任何物体的颜色并不是一成不变、单一存在的，往往受到环境、光源的影响，我们可以从如下几个方面来分析，找到其中的奥妙。

（1）光源色 在现实生活中，同一物体在不同时期、不同季节受不同光源色影响会呈现出不一样的视觉效果。如图 3-2、图 3-3 所示，法国印象派大师莫奈的作品《草垛》，在强光下的干草垛，温暖而又浓烈；冰雪覆盖下的干草垛，寒冷又清新。莫奈真实地捕捉了阳光照在物体上的瞬间感觉，并用色彩将其记录下来，展现给人们一幅幅色彩丰富的画卷，生动诠释了同一物体在不同光源色影响下的色彩变化。

▷ 图 3-2　莫奈《草垛》系列之一

▷ 图 3-3　莫奈《草垛》系列之二

（2）固有色　固有色是物体本身具有的颜色，如红旗是红色，香蕉是黄色，树木是绿色，天空是蓝色。但物体的颜色并不是孤立存在的，而是和光有着密切的关系。因此，我们既不能受固有色概念的束缚，又不能完全忽视固有色。

（3）环境色　顾名思义是环境所呈现的颜色，即物体周围环境的颜色对物体本身暗面色彩的影响所引起的颜色变化。自然界中任何事物和现象都不是孤立存在的，一切物体的色彩均受到周围环境不同程度的影响。环境色的存在和变化，大大丰富了画面的色彩，也拉近了物与物之间的联系性。此处不得不提及著名的法国新印象派（点彩画派）画家修拉的代表作《大碗岛的塞纳河之春》，这幅作品巧妙地运用了色彩和光线交融，营造出宁静祥和而又富于生机的画面，如图 3-4 所示，蓝色的湖面映入了绿色的草地，岸边的大树又受蓝色湖水的影响，在环境色的影响下整个画面的色彩丰富而和谐。

美的思考

分析并标注出图 3-5 中石膏体的固有色、光源色和环境色。

▷ 图 3-4　修拉《大碗岛的塞纳河之春》

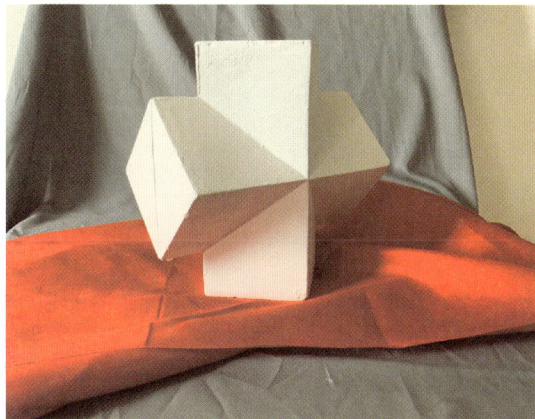

▷ 图 3-5　石膏体静物

（二）色彩的感知

人的眼睛和大脑拥有如摄影机一样的视野，虽然见到色彩的是眼睛，但理解和感知会让眼睛所看到的画面留存在大脑中，并对其进行感知、分析和加工。色彩感知往往是通过心理来判断的，它受观看者的知识水平、年龄、生活环境等因素的影响。大脑记忆着我们关于色彩的经历、印象和感情，当色彩引起人们的心理反应，刺激大脑的记忆时，色彩的感知便已形成。

1. 色彩有冷暖感

色彩的冷暖感被称为色性。如红色、橙色使人感受到温暖，所以称为暖色。青色、蓝色使人感到寒冷，所以称为冷色。

2. 色彩有兴奋感与沉静感

明度高、纯度高又属偏红、橙的暖色系色调，均给人带来兴奋感。而明度低、纯度低，又属偏蓝、青的冷色系色调，会带给人沉静感。

3. 色彩有膨胀感与收缩感

同一面积、同一背景的物体，由于色彩不同，会给人造成大小不同的视觉效果。如色彩明度高的，看起来面积会大一些，有膨胀的感觉。而明度低的色彩会看起来面积较小，有收缩的感觉。

4. 色彩有轻重感

高明度的色彩给人以轻的感觉，低明度的色彩给人以重的感觉。如图 3-6 所示，我们可以看出暗色基调的衣服呈现出一种稳重且正式的感觉，浅色基调的衣服则呈现出一种清爽的感觉。

▷ 图 3-6　色彩的轻重感

（三）色彩的联想

色彩的联想是人类大脑对待事物的积极反馈，是逻辑思维、形象思维、抽象思维等共同作用的过程。当我们看到某种熟悉的色彩，便可以

联想到生活中某种具体的事物或抽象的感受。因此，色彩的联想分为具
象和抽象两种表达方式，所谓具象联想是人们看到某种颜色，会联想到
自然界乃至生活中与我们息息相关的事物；而抽象联想则是看到某种颜
色而联想到的某种抽象概念，例如，紫色常常可以联想到奢华、高贵；
绿色常常可以联想到健康、成长等概念。

课堂审美主题活动

　　请结合图 3-7 中的各色块，谈谈关于它们的具象联想和抽象联想。比如，蓝
色的具象联想可以是海洋、天空，而抽象联想则是冷静、清凉。

▷ 图 3-7　色彩的联想

_____

_____

_____

_____

_____

_____

_____

1. 色彩与音乐

视觉与听觉是相通的，两者之间存在着一种渗透的交感现象，如绚丽灿烂的色彩形象能呼应旋律欢快的听觉形象。从物理角度上看，音色与颜色之间存在着自然的联系，同属于一种波动，只是它们的性质和频率属性不同而已。科学家牛顿认为，红、橙、黄、绿、青、蓝、紫七种颜色相当于音乐中的 C、D、E、F、G、A、B 七个音名。美国音乐家马利翁有句名言："声音是听得见的色彩，色彩是看得见的声音。"

音乐带来的听觉五彩斑斓，亦有深与浅、明与暗、冷与热，音乐中的节奏与织体带给我们疏密有致、刚柔并济的感受，丰富多样且富有情感色彩。不同的调性、和声的变化，同样展示了明朗的、温暖的、紧张的、压抑的、忧伤的不同情绪，而这些复杂的情绪也赋予了音乐某种基本的感情色彩。

除此之外，作曲家还常用特定的色彩主题来创作音乐。如在英国作曲家勃里斯的《彩色交响曲》中，第一乐章《紫色》，代表紫水晶，象征高贵、死亡；第二乐章《红色》，代表红宝石，象征勇敢、欢乐；第三乐章《蓝色》，代表蓝宝石，象征华贵、忧伤；第四乐章《绿色》，代表绿刚玉，象征青春的希望。法国作曲家梅西安也曾告诫听众："要理解我音乐作品中的音色、和声及声音的组合，你就必须热爱色彩，必须对色彩敏感，懂得声音与色彩之间的联系。"[①]

2. 色彩与诗歌

美的想象

请你通过图 3-1 色环中的色彩想象相关的诗句、音乐、画面、故事等，并将色彩联想的内容写下来。

在我国古代，就有很多诗人通过对色彩的描写使读者产生联想和想象，从而塑造出一个栩栩如生的意象空间，让人不仅在诗词中体会到文字之美，更能感受艺术的魅力。

例如，魏晋南北朝时期的梁元帝萧绎在他的著作《山水松石格》中有这么一段描述："秋毛冬骨，夏荫春英。炎绯寒碧，暖日凉星。"此句表达了作者对四季景色温度关联色彩的微妙感知，秋天萧瑟寥落，冬天孤零如骨，夏天绿树成荫，春天万物生发。通过对物象的联想，色彩可

---

① 《美术大观》编辑部. 中国美术教育学术论丛 美术与设计理论卷 5[M]. 沈阳：辽宁美术出版社，2016：295.

以在人的心理上被赋予温度的感知。又如，李白在《望天门山》中写到："天门中断楚江开，碧水东流至此回。两岸青山相对出，孤帆一片日边来。"诗中描绘了明亮的阳光与白帆、大江相融，并以青山碧水予以陪衬，色彩明度对比强烈，感情基调明快高昂，抒发了作者对祖国美好山河的由衷赞美。

二、感受绘画之美

绘画是艺术家通过色彩、线条、块面的视觉组合，以具体化、抽象化或个性化的表现手法反映生活，表达对现实生活的审美感受的一种形式。绘画在再现与表现、写实与抒情、感性与理性、形与神的统一中，展现美的魅力。可以说，绘画不仅是一种视觉艺术，更是艺术家内心历程的外化。因此，当我们欣赏绘画之美的时候，一定要放下"要读懂"的思想包袱，打开眼睛，开启心灵，走进充满魅力的绘画世界，跟随艺术家的脚步，去进行一场激情创造的精神之旅。

美的讨论

说说自己知道的绘画大师有哪些？他们的画作分别有什么特点？

（一）了解丰富多彩的绘画种类

绘画种类丰富多样，一般来看主要分为六大类，即素描、中国画、水彩画、油画、水粉画和版画。

1. 素描

素描是使用相对单一的色彩，借助明度变化来表现对象的绘画方式。素描是一切画种的基础。素描的绘画工具多种多样，如铅笔、炭笔、钢笔等，并不局限于某一工具。从广义来说，单色水彩和单色油画也可以算作素描，中国传统的白描和水墨画也可以称之为素描。素描水平是反映绘画者绘画基础水平和基本造型能力的重要指标之一。被称为"中国安格尔"的画家李斛，师从徐悲鸿，他的作品不仅以素描作为造型基础，而且重视师法造化，创立了中国现代人物画样式。

2. 中国画

中国画是使用毛笔、烟墨、宣纸、绢素等中国传统工具、材料，依照长期形成的表现形式及艺术法则而创作出的绘画种类。中国画按其使用材料和表现方法，又可细分为水墨画、重彩、工笔、写意、白描等；按其题材又可分为人物画、山水画、花鸟画等。中国画的画幅形式较为多样，横向展开的有长卷（又称手卷）、横批，纵向展开的有条幅、中堂，盈尺大小的有册页、斗方，画在扇面上的有折扇、团扇等。中国画在思想内容和艺术创作上，反映了中华民族的社会意识和审美情趣，集中体现了中国人对自然、社会及与之相关联的政治、哲学、宗教、道德、文艺等方面的认识。例如中国近现代绘画大师齐白石，他的作品题材接近人们生活，写实写意的手法让人们在欣赏作品的同时，还感受到朴实和趣味性。齐白石画虾堪称画坛一绝，浓淡深浅，寥寥几笔，就把虾的形态灵动、机警活泼，描绘得淋漓尽致且富有生命力。

3. 水彩画

水彩画是用水调和透明颜料作画的一种绘画方法。由于色彩透明，一层颜色覆盖另一层颜色可以产生特殊的效果，但调和颜色过多或覆盖过多会使色彩变脏。因为水在水彩纸上干燥较快，所以水彩画一般不适宜制作大幅作品，而适合制作风景等清新明快的小幅画作。因此，水彩画具备清新、剔透、轻快、明洁、湿润、流畅等艺术特色。作为美国当代最著名的水彩与蛋彩画家之一，画家安德鲁·怀斯也被评为"引起怀乡之情的写实主义"，其作品安静清透，带给人静谧之感。

4. 油画

油画是以用快干性的植物油（亚麻仁油、罂粟油、核桃油等）调和颜料，在亚麻布、纸板或木板上进行制作的一种绘画形式。油画所附着的颜料有较强的硬度，当画面干燥后，能长期保持光泽。凭借颜料的遮盖力和透明性能较充分地表现描绘对象，色彩丰富，立体质感强。油画是最具有综合表现力的画种，无论表现物象的体积、空间、光感、质感，还是刻画形象的形与神的真实程度都兼其他画种之所能。例如中国超写实主义油画领军人冷军,以其超级写实主义的风格,在中国画坛独树一帜。其作品画面丝毫毕现,生动丰富,形象精致入微,实现了细节与整体效果的完美统一。同时,由于冷军在作品中注重对当代题材与内容的切入,可以使观者在精神上形成全面的张力,心灵受到震颤。站在冷军的作品前,即使不懂油画,透过层层油彩,也能感觉到一种惊心动魄的力量。

5. 水粉画

水粉画是使用水调和粉质颜料绘制而成的一种绘画形式。水粉画与水彩画一样都使用水溶性颜料,但水粉在水色的活动性与透明性方面,无法与水彩画相比拟。水粉画一般并不使用多水分调色的方法,而采用白粉色调节色彩的明度,以厚画的方法来显示自己独特的色彩效果,这一点近似于油画的绘制方法。因为不透明的水粉颜料与油画颜料都具有遮盖力的特性,所以水粉画是介于水彩画与油画之间的一个画种,它是通过吸取水彩画与油画的某些方法与技巧而发展形成了自己的技法体系,是美术教育常见的色彩基础训练课程。论及水粉画,不得不提及水粉画大师孟宪成,他的作品可谓是"震撼""仙境",他融合中西美术精华,还融入了民族传统绘画和民间绘画的某些手法与形式,使整个画作的画风显示出引人注目的新颖别致的神韵,并把舞台美术的真实表现力、场景再现力植入水粉画创作,开启了水粉画在绘画艺术领域中的新方向,为水粉画开拓了广阔的新天地。

6. 版画

当代版画的概念主要指由艺术家构思创作并且通过制版和印刷程序而产生的艺术作品,具体来说是以刀或化学药品等在木、石、麻胶、铜、锌等版面上雕刻或蚀刻后印刷出来的图画。版画艺术在技术上是一直伴随着印刷术的发明与发展的。古代版画主要是指木刻,也有少数铜版刻和套色漏印。独特的创作形式使它在文化艺术史上具有独立的艺术价值与地位。古元,是现代中国版画界"卓绝天才",其作品以浓郁的乡土气息、独特的民族与地域特色,成为中国新兴版画的经典。

（二）中外名画鉴赏

中外名画展示了中外绘画艺术的形式特点和美学特征，呈现了人类艺术宝库弥足珍贵的一面。这些艺术作品是人类文明的伟大结晶，是智慧与创造性的杰出体现，尽管东西方文化背景不同，审美趣味有所差异，但优秀的艺术作品，不论古今中外，都能让读者超越时空局限，领略人类文明的丰富性与多样性。

1.《洛神赋图》

《洛神赋图》（图3-8）根据曹植著名的《洛神赋》而作，为东晋著名画家顾恺之的传世精品，全卷分为三个部分，画卷从右端开始，第一段描绘了黄昏，曹植率领众随从由京城返回封地，经过洛水之滨时停驻休息。在平静的水面上，丰姿绝世、含情脉脉的洛神衣带飘逸、动态从容、凌波而来。柳岸边，曹植身体微微前倾，伸出双手挡住众随从。画家巧妙地通过这一瞬间动作，不仅形象生动地表现出曹植见到洛神的惊喜之情，而且将曹植被洛神的绝世之美所深深吸引的内心活动表现得极为生动；第二段描绘了人神殊途、含恨别离时的情景，这是故事情节的高潮。六龙驾驶着云车，洛神乘云车向远方驶去，云车、云气在天空中作飞驰状，离别场面热闹异常。在岸边，曹植在众随从的扶持下，目送着洛神渐渐远去，眼神中倾诉着无尽的悲伤与无奈；最后一部分描绘了就驾启程，表现洛神离去后，曹植对她的深切追忆与思念。曹植乘轻舟溯流而上追赶云车，希望再次见到洛神的倩影。但无奈人神相隔，早已

▷ 图3-8 顾恺之《洛神赋图》(局部)

寻觅不到洛神的踪影。曹植的无限怅惘之情生动地呈现在画卷上，使观者被洛神与曹植间的真挚感情所感染。

《洛神赋图》的构图采用了连续多幅画面表现一个完整情节的手法，作者巧妙地利用了山石、林木、河水等背景，将画面分隔出不同情节，主要人物随着赋中寓意的铺陈重复出现，将时间和空间连成一片，使画面既有分隔又相连接，首尾呼应、和谐统一。全卷人物安排得疏密得宜，在不同的时空中自然地交替、重叠、交换。

全画用笔细劲古朴，恰如"春蚕吐丝"。山、川、树、石画法幼稚古朴，所谓"人大于山，水不容泛"，体现了中国早期山水画的特点。此图卷无论从内容、艺术结构还是人物造型、环境描绘和笔墨表现的形式来看，都不愧为中国古典绘画中的瑰宝之一。

2.《步辇图》

《步辇图》为唐代著名画家阎立本所绘，线条流利纯熟，富有表现力，是一幅具有重要历史价值和艺术价值的作品。该作以贞观十五年（641）吐蕃首领松赞干布与文成公主联姻的历史事件为题材，描绘唐太宗接见来迎娶文成公主的吐蕃使臣禄东赞的情景。

图卷右半部分（图3-9）是在宫女簇拥下坐在步辇中的唐太宗，左侧三人前为典礼官，中为禄东赞，后为通译者。唐太宗的形象是全图焦点，画中的唐太宗面目俊朗，目光深邃，神情庄重，充分展露出盛唐一

▷ 图3-9　阎立本《步辇图》(局部)

第一段

第二段

第三段

第四段

第五段

▷ 图 3-10　顾闳中《韩熙载夜宴图》（局部）

代明君的风范与威仪。作者为了更好地突现出太宗的至尊风度，巧妙地运用对比手法进行衬托表现，一是以宫女们或执扇或抬辇，或侧或正，或趋或行的娇小稚嫩体态来映衬唐太宗的壮硕、深沉与庄重，是为反衬；二是以禄东赞的诚挚谦恭、持重有礼来衬托唐太宗的端肃平和、蔼然可亲之态，是为正衬。该图不设背景，结构上自右向左，由紧密而渐趋疏朗，重点突出，节奏鲜明。

3.《韩熙载夜宴图》

《韩熙载夜宴图》（图 3-10）是五代十国时期画家顾闳中所作，以连环长卷的方式描摹了南唐巨宦韩熙载家开宴行乐的场景。画作用笔细润圆劲，设色浓丽，人物形象清俊娟秀，栩栩如生，是今存五代时期人物画中最杰出的代表作品。

《韩熙载夜宴图》全长三米，共分五段，每一段画面以屏风相隔。第一段描绘韩熙载在宴会进行中与宾客们听歌女弹琵琶的情景，生动地表现了韩熙载和他的宾客们全神贯注侧耳倾听的神态。第二段描绘韩熙载亲自为舞女击鼓，所有的宾客都以赞赏的神色注视着韩熙载击鼓的动作，似乎都陶醉在美妙的鼓声中。第三段描绘宴会中场休息的场面，韩熙载坐在床边，一面洗手，一面和几个女子谈话。第四段是描绘韩熙载坐听管乐的场面。韩熙载盘膝坐在椅子上，好像在跟一个女子说话，另有五个女子在做吹奏的准备，她们虽然坐在一排，但各有各的动作，毫不呆板。第五段是描绘韩熙载及众宾客与歌女们谈话的情景。

这幅画卷不仅仅是一幅描写私人生活的图画，更重要的是它反映出那个特定时代的风情。由于作者的细微观察，把韩熙载生活的情景描绘得淋漓尽致，画面里所有人物的音容笑貌栩栩如生。在这幅巨作中，画有四十多个神态各异的人物，虽如蒙太奇一样地重复出现，但各个人物性格突出，神情描绘自然。《韩熙载夜宴图》从一个生活的侧面，生动地反映了当时统治阶级的生活场面。画家用惊人的观察力，和对主人公命运与思想的深刻理解，创作出了这幅传世佳作。

4.《千里江山图》

《千里江山图》（图 3-11）是北宋画家王希孟传世的唯一作品，是中国古代青绿山水画的巅峰之作。《千里江山图》以长卷形式，以概括精练的手法、绚丽的色彩和工细的笔致表现出祖国山河的雄伟壮观。画中描绘了连绵的群山冈峦和浩渺的江河湖水，千山万壑争雄竞秀，江河交错烟波浩渺，人物虽细小如豆，而意态栩栩如生，飞鸟虽轻轻一点，却具翱翔之势。整个画面雄浑壮阔，气势磅礴，将自然山水描绘得如锦似绣，分外秀丽壮美，是一幅既写实又富理想的山水画作品。

▷ 图 3-11　王希孟《千里江山图》(局部)

作品青绿设色，画家在施色时注重手法的变化，色彩或浑厚，或轻盈，间以赭色为衬，使画面层次分明，鲜艳如宝石，光彩夺目。在构图上采用深远、高远、平远交替的构图法则，撷取不同视角展现千里江山之胜，大自然鬼斧神工之妙。全卷十余米分为六部分，每部分均以山体为主要表现对象，各部分之间或以长桥相连，或以流水沟通，使各段山水既相对独立，又相互关联，巧妙地连成一体，达到了步移景异的艺术效果，是中国传统山水画中少见的巨制。

5.《富春山居图》

《富春山居图》（图3-12）是元代画家黄公望于1350年创作的纸本水墨画，绘画以浙江富春江为背景，画面用墨淡雅，山和水的布置疏密得当，墨色浓淡干湿并用，极具变化，被誉为"画中之兰亭"，是中国古代水墨山水画的巅峰之笔。

▷ 图3-12　黄公望《富春山居图》（局部）

《富春山居图》以长卷的形式，描绘了富春江两岸初秋的秀丽景色，峰峦叠翠，松石挺秀，云山烟树，沙汀村舍，布局疏密有致，变幻无穷，以清润的笔墨、简远的意境，把浩渺连绵的江南山水表现得淋漓尽致，达到了"山川浑厚，草木华滋"的境界。

在绘画构图中，画家采用了阔远的方式，即由近及远的绘画手法，显现出了画面的阔大之意，给观者留下更为广阔的思考空间。在笔法处理上，采取枯润墨法、干笔墨法、披麻皴法。如在对山进行勾画的时候，运用干枯之笔，用淡墨描绘，浓墨收尾，浓淡结合，使整幅画面显得浓淡得体，显然一幅一气呵成的气势，又如江面波纹则以长线条皴擦来表现，整个画面突出了笔和墨之间的一种有效结合，起到形神兼备的效果。

6.《日出·印象》

《日出·印象》(图 3-13)是法国印象派画家莫奈的代表作。印象派根据光的变化进行美的捕捉，画家们在户外阳光照射下依据眼睛的观察和现场的直接感受作画，在光线下表现形象、色彩的微妙变化。

▷ 图 3-13　莫奈《日出·印象》

《日出·印象》告别了以往传统意义的内容或题材，描绘了法国勒阿弗尔港口一个多雾的早晨，画面中太阳在透明的晨雾中冉冉升起，两只摇曳的小船上人影依稀可辨，远处的工厂烟囱，大船上的吊车等若隐若现。画家记录的是太阳升起，大雾迅速消散时的瞬间印象，突出体现了莫奈追求最真实的光效和色彩，恰如其分地表达自然界的微妙变化的艺术风格。

7.《乌鸦群飞的麦田》

《乌鸦群飞的麦田》(图 3-14)是荷兰画家凡·高最后的画作，描绘的是法国瓦兹河上奥维尔镇周围乡下麦田的情景。远处乌云密布的深蓝色天空，死死压住金黄色的麦田，一群凌乱低飞的乌鸦、波动起伏的地平线和大量激荡的短线条，无形中传达出强烈的压迫感和不安感。从画

▷ 图3-14   凡·高《乌鸦群飞的麦田》

作中，我们看到了凡·高内心的境遇是极其孤独与压抑的，他不仅是在创作，更是在向世人宣泄着内心复杂的情感。

8.《开着的窗户》

《开着的窗户》（图3-15）是野兽派画家马蒂斯的作品。野兽派不同于传统绘画，不再追求古典绘画中的精致完美，常常呈现出来的是简陋、不成比例且变形夸张的样子，其最大的特点是画风强烈、用色大胆鲜艳、笔法率直粗放，放弃传统的远近比例与明暗法，不再讲究透视和明暗，采用平面化构图、阴影面与物体面的强烈对比，充分显示出追求情感表达的表现主义倾向。

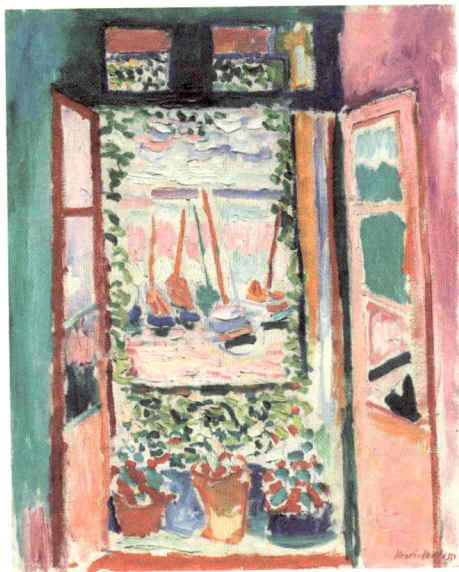

▷ 图3-15   马蒂斯《开着的窗户》

《开着的窗户》颜色绚丽，笔触粗犷，既有平涂又有点彩，笔触从绿色的小点，扩展到笔触更宽一点的淡红色、白色，极具个人风格，也给人以极大的视觉冲击力。画面采用平面表达的形式，弱化空间的塑造。画面中以窗户为描绘主体，画了一扇打开的窗子，窗外是种满花草的阳台，再外面是停泊着一些小船的海面。在构图上，窗户占据了画面大部分的空间，墙面只有一点。近景用鲜艳的色块与大笔触拼合而成，远景则采用小笔触表达，拉开了空间关系的同时，使观者的视线得到延伸。

9.《呐喊》

《呐喊》（图 3–16）是挪威画家爱德华·蒙克的绘画作品，是表现主义绘画的代表作之一，画作主体是在血红色的映衬下一个极其痛苦的表情。

在《呐喊》中，蒙克所用的颜色虽然与自然颜色的真实性是一致的，但表现方式却极度夸张。他运用了奇特的造型和动荡不安的线条，天空与水流扭动的曲线，与桥的粗壮挺直的斜线形成鲜明对比。通过这种特殊的表现手法，蒙克将画面中沉闷、焦虑且孤独的情感，表现到了极致。

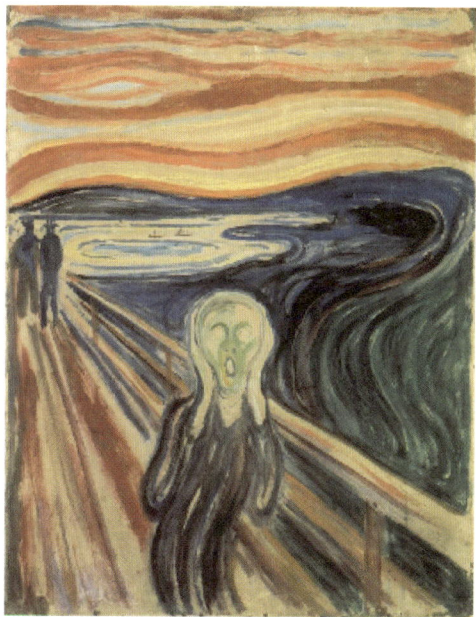

▷ 图 3-16　蒙克《呐喊》

10.《记忆的永恒》

《记忆的永恒》（图 3–17）是西班牙超现实主义画家萨尔瓦多·达利于 1931 年创作的一幅作品。这幅作品受到弗洛伊德"潜意识"学说的影响，以袖珍面的技法，描绘了一个死寂般宁静的旷野。画中平静如镜的海、一马平川的沙滩、荒凉的海岸，以及一个不可能在这个环境中

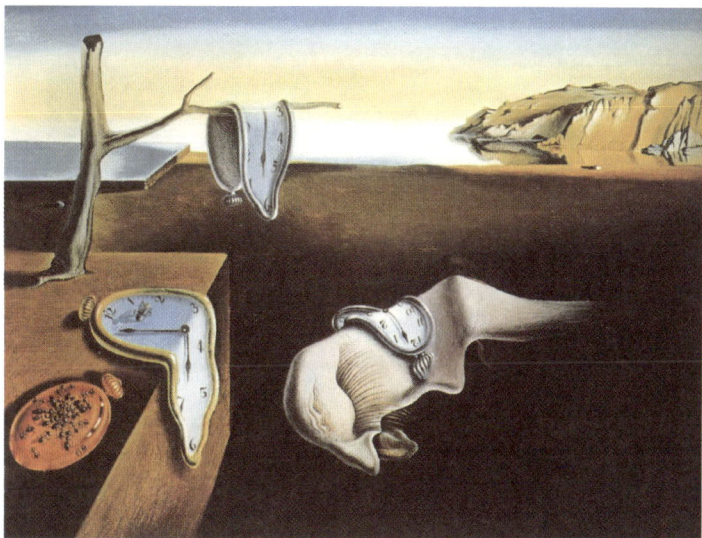

▷ 图 3-17　达利《记忆的永恒》

出现的方形台座、一块板、一棵树，都给人以虚幻冷寂，怅然若失的感觉。

面面突出表现了像软饼似的三块钟表和一块没有变形的红色钟表，上面爬满了黑色蚂蚁，方台上一块软表上还歇着一只苍蝇，画中所表现的物体都是柔软且失去功能的生物表征，这种对时间疯狂流逝的独特表现手法，暗示了个人情感在物质世界挤压之下迸发出的无法回避的力量。画面整体色彩丰富，明暗分明，棕黄色背景下，蓝色天空与橙色柜子色彩对比强烈，充分表现了超现实主义绘画的魅力。

对于绘画艺术的鉴赏，我们需要将绘画作品与自身的人生感悟、情感经历、知识积累等联系起来，对作品进行感受、体验、联想、分析和判断，从而获得审美享受。因此，在进行绘画鉴赏的时候，更像是一场心灵体验，我们应该用心、努力投入到这场充满激情且富有创造的精神之旅中来。

课中审美实践

> 请你结合自己的专业，通过涂色的手段表现出专业领域之美，并谈谈你的感想。 ■■■■■■■■

构建属于自己的色彩：

每种色彩都有其独特的气质和情感赋予，根据本章所学内容和颜色引导，一起动手来绘制你眼中的春夏秋冬。（任选其一即可）

色彩参考

春：鲜艳明亮的暖色调	夏：轻柔浅淡的冷色调	秋：浓郁醇厚的暖色调	冬：纯正饱和的冷色调

色彩创作

下图是意大利插画师Ale Giorgini的作品，对应以上色彩参考，感知他描绘的更像是哪个季节？为什么？ ▶

根据色彩参考及个人感知，绘制你喜欢的季节 ▶

实践感想

三、剖析摄影之美

摄影作品能给人传递美感，给人带来审美愉悦。摄影者用眼睛审视世界，运用构图、光影等技法手段表现主题，使作品既源自生活又比现实生活更强烈、更典型、更艺术。摄影术发明至今，已走过近 200 年时光。在这近两个世纪的漫长岁月里，一辈辈的摄影师、发明家不断创新与改进摄影方法，对于生活在数字时代的我们，也许胶片摄影都算得上是充满情怀的艺术，然而其实在胶片时代之前，还有许许多多有趣的摄影方法。

在数码时代来临之前，传统的摄影凭借在对光敏感的材料上投影，形成固定的影像，从而记录并保存镜头前的画面。伴随着科技的发展，越来越多的人选择用手机拍摄照片或影像来记录生活。随着智能手机的不断发展，手机中的拍照功能也从最早"赠送式"的功能逐渐进化为拥有高像素、高感光能力的专业摄影装备，AI 计算摄影的加入更是让调色、美颜等专业操作变得十分容易。生活中的摄影作品是否具有艺术感染力和视觉冲击力，关键在于构图、光影与色彩。而摄影，从最初的一项专业活动，正渐渐进入"寻常百姓家"，我们随时可以拿起手机，去记录生活中的点点滴滴。

小贴士

世界上第一张照片《窗外景色》（图 3-18）诞生于 1826 年（一说 1827 年），由法国人尼埃普斯在自家的阁楼上拍摄完成。他利用的感光材料是白蜡版上的一层薄沥青，然后他自己制作成像透镜，对着窗外的景色曝光 8 小时，不同光照强度会在薄沥青上产生不同的反应，这种方法被称为"日光刻蚀法"。但是，这样的方法极其费时，而且成像质量也很差，记录的题材类型也极其有限。

1861 年，英国物理学家、数学家麦克斯韦第一次发现，通过混合红、绿、蓝光，可以得到任意一种光线颜色，至此，光的三原色第一次被发现。

麦克斯韦发现了这个现象后，以此为策略，要求摄影师托马斯·萨顿设计一个彩照实验，在镜头上分别覆盖红、绿、蓝三色的玻璃滤镜，对着被拍摄物体照相三次，分别得到三个不同颜色通道的黑白照片，显影时再将三张照片定影在三色的玻璃片上，叠加处理，得到了世界上第一张彩色照片《格子丝带》（图 3-19）。

▷ 图3-18　尼埃普斯《窗外景色》

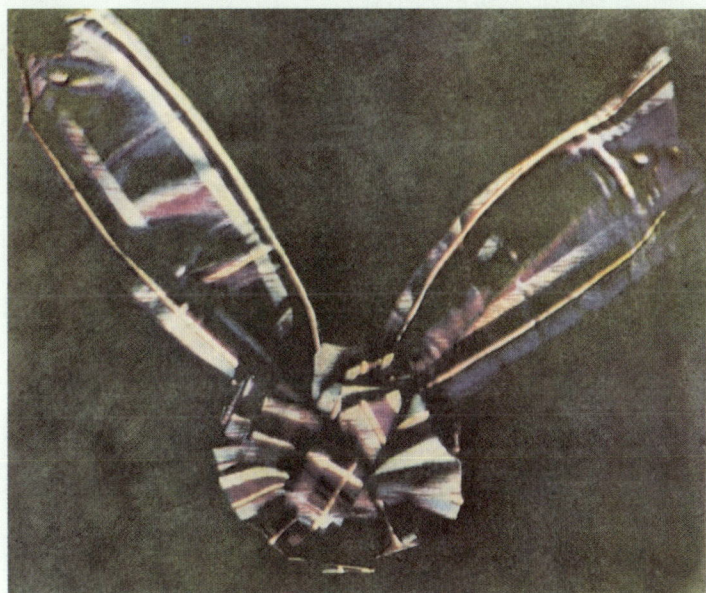

▷ 图3-19　托马斯·萨顿《格子丝带》

（一）摄影中的构图之美

当我们要进行照片拍摄的时候，都会有这样的思考：如何取景，如何安排场景中各个元素的位置关系，选取什么样的拍摄角度和拍摄位置，等等。实际上，这样思考的过程就是构图的过程，也就是说构图能够清晰表达摄影者意图，根据需要把人、景、物分别安排在画面中以获得最佳布局，强调、突出要表现的人或物。

构图离不开大小不一、长短不同的视觉造型元素——点、线、面，它们好似组成乐曲的音符，没有不同音符的排列组合，就无法谱曲，因此，点、线、面是摄影艺术的基本造型元素。

构成摄影画面的点、线、面在表现方法上，只有做到突显点、强化线、留住面，才能恰到好处地将三者有机结合，才能充分体现出画面的形式美感。研究摄影艺术当中的视觉造型元素点、线、面，归根结底是研究"用何种形式表现"的问题，三者以点为基础，两点相连则成线，三线相接则为面，当三者有机结合，在画面上形成散整相间、疏密相济、粗细相调、浓淡相衬的格局时，就会出现千变万化的形式，给人带来强烈的视觉冲击，彰显形式美的艺术魅力。

构图的方法有很多，常用的构图方法有：中置构图、三分构图、黄金分割线构图等。构图的核心目的就是让画面中的各个元素在有限的画框中得到平衡。

1. 中置构图

中置构图，如图 3-20 所示，就是把画面主体放在画面中心位置，突出主体，符合人眼视觉习惯。

▷ 图 3-20　昆明双塔（摄影：李洋）

2. 三分构图

三分构图，就是把画面主体或地平线等放在画面三分线处。三分构图的目的是让画面中的元素拥有主次之分，使画面得到平衡，如图 3-21 所示。

(a)　　　　　　　　　　　(b)

▷ 图 3-21　三分构图（摄影：李洋）

3. 黄金分割线构图

在摄影构图中点、线、面的组合虽形式多变，没有一种固定的模式，但还是存在一定的构图规律，我们可以利用黄金分割法安放点的位置，突出主体，强调人或物，使画面更具有感染力，营造更高层次的艺术表现效果。黄金分割的延伸即斐波那契螺旋，如图 3-22 所示。

▷ 图 3-22　斐波那契螺旋

（二）摄影中的光影之美

光影是摄影的灵魂和支柱，也凝聚了摄影的魅力，是摄影中常用的造型手段。光影的变化可以表现物体的体积感、形式感、空间关系及质感，可以塑造人物性格、神态、情绪，也可以起到渲染环境氛围等作用。以光影做传播媒介，运用光影的形态，动与静、虚与实、轻与重来创造一种新的美学意境，表达思想感情，为摄影作品增添了新的艺术魅力。

光影作为视觉元素，在摄影中不仅起到还原事物原貌的作用，而且是完善摄影作品造型的一种重要艺术手段，它可以创造环境氛围、艺术风格，同时也被用来展示和刻画人物性格，甚至被用来烘托环境、表达思想主题。而要感受摄影中的光影之美，首先需从了解光开始。

1. 光线的光源种类

大自然中的光线种类很多，从光源的角度来看，基本上可以分为两大类：点光源与平行光源，如图 3-23 所示。

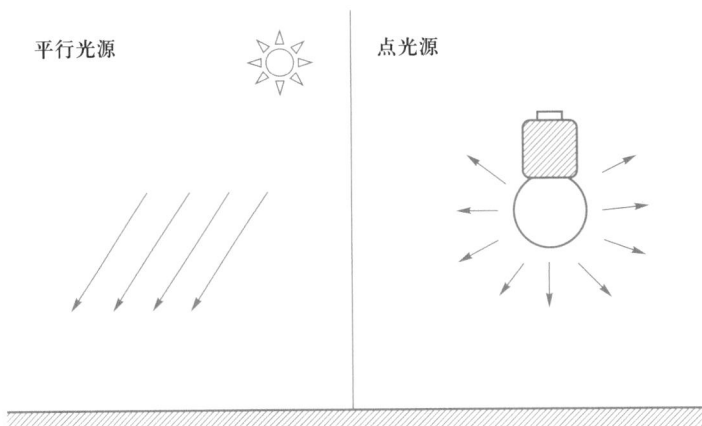

▷ 图 3-23　点光源与平行光源

顾名思义，点光源的光线形式是以某一点为起点，向外呈放射状、散射状，比如路灯、家里的灯光等。由于是以一个点为起点散射出去的，所以点光源与被摄物体的距离会影响被摄物体的成像效果。而平行光源，其光线是以平行的方向进行照射，所以入射角度往往是固定的。生活中我们最常见的平行光源就是太阳光，然而从严格意义上讲，太阳光其实是一种点光源，但由于太阳离我们非常遥远，因此太阳光被近似地认为是平行光。

丁达尔效应是指光线穿过胶体所形成的光柱现象。清晨的晨雾、寺庙中的青烟，都属于气溶胶。当阳光、灯光穿过这些空气时，便会形成灿烂的光柱，如图 3-24 所示。

▷ 图 3-24　丁达尔效应下的太阳光

2. 光线的软硬

生活中我们会说某些光是生硬的，某些光是柔软的。那么，什么是柔光，什么是硬光呢?

硬光，往往是由相对面积较小的点发射出来，且直接照射到被摄物体上，形成棱角分明的阴影，比如较强烈的太阳光、演唱会现场的镭射光、探照灯等。这样的光线会形成对比反差强烈、棱角分明的光影效果，很适合拍摄较为时尚、现代的题材，相反地，这样的光线并不柔和，并不适合拍摄诸如温馨、浪漫的题材。

柔光（软光），是由相对面积较大且亮度较低的发光体或反光体将光线散射出来，柔光照射在被摄物体时，阴影较为柔和，对比反差不强烈。如清晨或傍晚的霞光、透过毛玻璃的太阳光、夜市密集的装饰灯等。这样的光线很适合拍摄浪漫温馨的题材，不过由于柔光的亮度通常较低，所以对于镜头的感光性能有着更高的要求。

3. 曝光补偿

在拍摄时，我们的相机或手机会根据被摄场景的进光分布来达到高光与暗部区域的平衡，一般来说这种自动曝光在大多数环境中是正确的，但是在一些特殊的场景下，这种自动均衡曝光会出错，需要我们去手动调整曝光，适当根据实际情况去增加或减少曝光量，这就是曝光补偿。

以手机摄影为例：在舞台表演或者拍摄的主体背景较暗的环境下，手机镜头识别到高光区域较小，暗部区域较大，自动曝光后主体容易过曝，此时我们需要降低曝光补偿，使被摄主体的曝光正常，如图3-25所示。当整体摄影环境偏亮，手机镜头识别到大部分为高光区域，小部分为暗部区域，自动曝光后整体画面偏暗，此时我们需要提高曝光补偿，使整体画面恢复应有的质感。

▷ 图3-25　曝光补偿（摄影：李洋）

4. 摄影中光影的运用

在摄影作品中应根据主题内容的需要，巧妙合理地利用光影构成情调，渲染气氛。例如，拍摄海洋、沙漠、雪景等特殊景物时，由于景物本身起伏较小，在直射条件下反差极小，缺乏层次和质感，如能有效利用光影的变化，使沙漠的波纹、雪地的起伏、海洋波浪的光影突出，就可以使这些景物的层次和质感增强，如图3-26所示。

▷ 图 3-26　光影构成的情调

在人像摄影中，光线不同的入射角度对于人像光影的塑造尤为重要，根据入射角度的不同，可以将人像布光分为以下几类——蝴蝶光、伦勃朗光、逆光、底光等。

（1）蝴蝶光　光线从人物正前、正上方向下照射，人物脸颊区域高光处呈现酷似蝴蝶的形状，故名"蝴蝶光"，又因为拍人特别显瘦，故又名"美人光"，如图 3-27 所示 [1]。

（2）伦勃朗光　又名三角光，光源在右前上方方向以 45° 角照亮面部 3/4 区域，使暗部区域呈现三角形阴影，可以很好塑造人物面部立体感。由于荷兰画家伦勃朗常使用这样的打光方式来创造肖像画，故名"伦勃朗光"，如图 3-28 所示。

▷ 图 3-27　蝴蝶光

▷ 图 3-28　伦勃朗光

[1]　图 3-27、图 3-28、图 3-29、图 3-30 均为电脑软件虚拟人像摄影模拟。

（3）逆光　光源在被摄物体背后，背景亮度高于被摄物体。逆光会重点体现人物的轮廓，毛发质感也会被增强，因此逆光常用于剪影等题材；如果适当将曝光拉亮，使人物的面部细节沐浴在逆光造成的光晕中，整体氛围会变得非常浪漫，如图 3-29 所示。

（4）底光　光线从面部的前下方打亮人脸。由于底光会把五官下部区域打亮，上部为阴影，所以整体氛围会显得非常诡异恐怖。在日常拍摄时要尽量避免底光，如广场的地灯、阳光照射水面反射到人脸的杂光，如图 3-30 所示。

▷ 图 3-29　逆光

▷ 图 3-30　底光

以上打光技巧均为专业摄影中常用的打光技术，但对于我们日常手机摄影也有指导作用。我们可以充分利用生活中任何可被利用的光源来塑造不同的打光方式，比如日出或日落的太阳光、夜晚的路灯、家里的台灯等，不同的照射角度与拍摄角度均可以塑造不同的打光方式，种类繁多等待我们细细发掘。

课堂审美主题活动

手机摄影实践与案例分析：认识手机镜头——焦段与光圈

如今我们的手机拥有多摄像头的镜头模组，使得专业摄影才有的多焦段概念逐渐走向了"寻常百姓家"。

（1）焦段　焦段这个概念源自专业相机，相机镜头有一个很重要的概念，那就是焦距，焦距值越小，镜头的可视角度越广，拍摄的画面像猫眼一样；反之长焦镜头的可视角度很小，拍摄的画面就像望远镜一样。

超广角：等效焦距14mm～24mm的镜头，其特点是视野极宽，适合拍摄广袤的风景，如沙漠、大海、草原等题材。如果手机夜晚感光能力极佳，甚至可以拿手机拍摄星空（图3-31）。

▷ 图3-31　14mm星空（摄影：李洋）

广角：等效焦距24mm～35mm的镜头，这个焦段的镜头广度适中，适合日常拍摄，可以拍摄风景、全身人像、人文街拍等各种题材（图3-32）。

▷ 图3-32　24mm全身人像（摄影：李洋）

中焦：等效焦距 50mm ~ 85mm 的镜头，此焦段的视野更窄，适合拍摄半身人像、面部特写人像等题材（图 3-33）。

▷ 图 3-33   70mm 半身人像（摄影：李洋）

长焦：等效焦距 100mm 及以上，有的手机配备了具有潜望镜结构的长焦镜头，此镜头如同望远镜一样，可以对较远的物体做特写。比如拍摄远处的雪山、初升的太阳、中秋节的月亮等（图 3-34）。

▷ 图 3-34   400mm 雪山特写（摄影：李洋）

（2）光圈与虚化　光圈是指相机镜头里的通光口径的大小，类似于我们眼球的瞳孔。在专业摄影中，光圈是以 f 值的比值来表示的，如 $f/2.8$、$f/4.0$ 等。分母值越小，光圈就越大；光圈越大，背景虚化量就越大。在专业摄影中，这种自然而美丽的背景虚化是靠庞大的镜头来实现的，但是手机镜头因为体积小，只依靠镜头无法实现自然的虚化，所以现在的智能手机依靠双摄双眼效应以及激光雷达，间接实现了专业相机才有的大光圈虚化效果，一般这样的功能被命名为"人像模式"。

巧妙利用手机的人像模式，利用虚化将照片主体与背景进行分离，使照片主次分明，简约高级。这种手法不光可以用来拍摄人像，也可以拍摄静物（图3–35）。

▷ 图3–35　依靠双摄与 LiDAR 传感器模拟的大光圈虚化效果（摄影：李洋）

案例一

重庆天生三桥（图3–36）照片使用广角镜头拍摄。主体建筑位于下三分线处，建筑前的小路沿着照片的对角线向上延伸，远处山谷的位置位于右黄金分割线附近，整体构图十分和谐。由于当时的天气为阴雨天气，为进一步体现这种氛围，前期拍摄时曝光补偿刻意压低，后期修图时将色彩饱和度也进行压低处理。

▷ 图 3-36 重庆天生三桥（摄影：李洋）

案例二

仿古建筑一角（图 3-37）摄于重庆市武隆区天生三桥景区，用长焦镜头拍摄。

(a)   (b)

▷ 图 3-37 仿古建筑一角（摄影：李洋）

案例三

　　草原上的汽车（图3-38）拍摄于初春的内蒙古格根塔拉草原。照片使用广角镜头拍摄，展现草原的一望无际。地平线位于下三分线处，车辆主体位于地平线中央。

▷ 图 3-38　草原上的汽车（摄影：李洋）

课后审美实践

用手机的广角镜头拍摄学校主楼的全貌、用长焦镜头拍摄附近古建筑或仿古建筑的一角，注意构图的合理运用与曝光补偿的调整。并分小组讨论所使用的摄影手法和具体的美感表现。

摄影创作

实践感想

拓展阅读　》

- （英）卡西亚·圣克莱尔，李迎春译《色彩的秘密生活》（图 3-39）
- 李泽厚《美的历程》
- （美）贝蒂·艾德华著，朱民译《像艺术家一样思考 3　贝蒂的色彩》
- （瑞士）约翰内斯·伊顿，杜定宇译《色彩艺术》
- 周翊《色彩感知学》
- （德）哈拉尔德·曼特，赵嫣、梅叶挺、梅蒋巧译《摄影构图与色彩设计》

▷ 图 3-39　《色彩的秘密生活》书影

任务四

感知美的频率

课前关键词自查：

八音分类法、交响乐、古典音乐

课前审美探索

听见呼吸之间

你仔细聆听过这个世界吗？选一个美好的清晨，或是午后，或是黄昏，置身于户外，闭上眼睛静静聆听这个世界一分钟。将你能听到的所有，包括最细微的声音都写下来。

你仔细聆听过这个世界吗？

　　声，来自可听见的振动频率；音，则是和谐美好的"声"的组合。我们的耳朵常常在各种各样的声音中获取信息，再经由大脑解读和感受。在聆听感知行为中，音乐能够激发大脑的频率，能够帮助建立更好的想象力和感受力。现代脑神经科学实验发现，音乐可以强烈地激活我们大脑中加工情感相关的边缘系统，比如"海马体"，所以我们听音乐能感受到快乐、忧伤，回忆起很多记忆中的情绪和画面。而好的音乐是一种讲感觉和悟性的艺术，音乐的氛围和品位的提升会让人忽然间获得惊人的进步，更会以此为自己树立一种高标准和高品位。

　　《礼记·乐记》中有言："凡音者，生于人心者也。乐者，通于伦理者也。是故知声而不知音者，禽兽是也。知音而不知乐者，众庶是也。唯君子为能知乐。"因此培养听觉的美感，是美育教育当中不可或缺的部分。

一、学会更好地聆听

　　音乐看不见摸不着，是复杂的听觉审美艺术。开发良好而敏锐的听觉能力，能使我们专注于内心的思考，打开想象力与创造力，从而产生更丰富的对美的联觉。学会更好地聆听，让聆听更有故事感，更有画面感。

（一）音乐语言

　　音乐语言是听觉艺术的主要表达手段，包括旋律、节奏、声调、配器、音乐的走向性、色彩性与我们内心达成的共鸣和共振所反映出来的情感、抽象思维等等。培养对听觉艺术的审美理解力，即培养对由音乐形象所产生的情感内涵的审美感受力、培养抽象思维的想象和主体创造等能力。

案例一

试听以下两段音乐，判断哪段音乐是春天，哪段音乐是冬天。

音乐 4-1

音乐 4-2

案例二

试听以下一段音乐，判断该段音乐更适合下列哪幅画的意境（图 4-1、图 4-2）？

音乐 4-3

▷ 图 4-1　田园风景

▷ 图 4-2　帆船海洋

　　通过以上听觉测试，我们基本上都能得到一致的答案，这说明我们能够从抽象的声音获得一定的信息，也可以将之转化成具体的图像、情感或记忆等个体感受，我们的听觉感受是由一个共同的联觉经验获得的，而差异仅在于经验的丰富程度、细腻程度以及审美力的不同，包括所转化的信息量的不同。这就是音乐具有的语言甚至超越语言的特性。

（二）内心听觉与外在听觉

下图为贝多芬耳聋之后创作的《第九交响曲》总谱其中的一页（图 4–3），交响乐队中各管弦乐器需要演奏的音符都在五线谱中具体呈现了出来，乐手依照乐谱演奏，因此，即使过去几百年，我们仍然能够原样重现当时作曲家所创作的音乐作品。

美的思考

为什么贝多芬晚年耳聋还能创作音乐？

Symphony No. 9 in D Minor, Op. 125

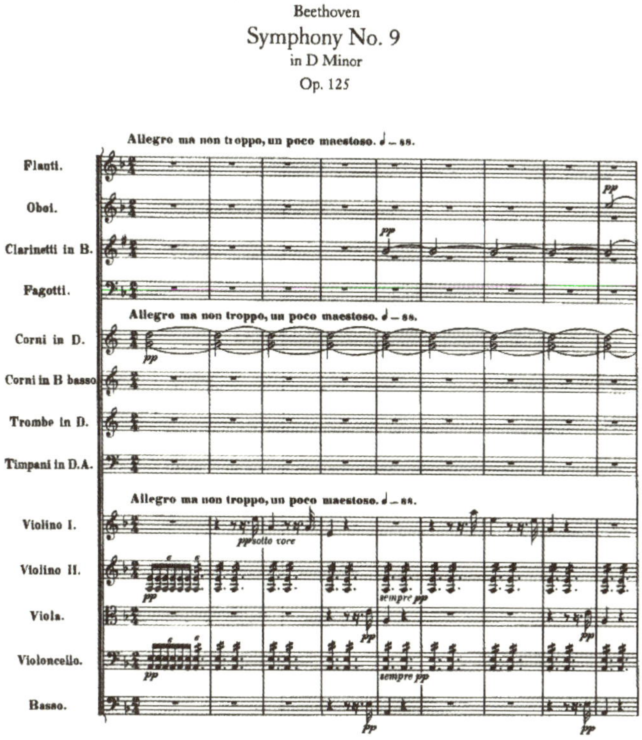

▷ 图 4–3 贝多芬《第九交响曲》总谱片段

听觉艺术既是外在的音响艺术，也是内在的听觉审美艺术。内心听觉是我们对声音信息处理的内在转化，就好像我们即使闭上眼睛仅通过视觉感观经验的积累，也能想象出一个人的容貌、大海的景象、树林里的鸟儿等画面。

听觉艺术可量化成声音信息，包括音高、节奏、速度、声调、旋律、配器、织体、和声、情感等，这些信息都可以量化成乐谱。西方记谱法在一千多年的发展演变中，随着五线谱记谱法的成熟并在全世界广泛流传，记谱法越来越精准以至于可以几乎复现作曲家创作时的内心听觉。也就是说，作曲家在创作之时，是先有内心的听觉，再转化为音乐信息即乐谱，再而通过演唱、演奏或电子音乐等媒介呈现出音响，使我们可以不受时间和空间的约束，复现并感受不同时期作曲家的音乐艺术作品。听众的大脑通过外在的音响感受或内心听觉（读谱）对音响信息进行解读、处理，并产生共鸣共振，同时反映出听者二度创作时的情感和抽象思维。

交响乐是听觉艺术中音色最为丰富、结构较为复杂的音响呈现方式。交响乐一般指由管弦乐队演奏的音乐形式，亦可加入各类独奏乐器协奏，如钢琴协奏曲、小提琴协奏曲等。交响乐作为一种体裁，一般按照四个乐章的奏鸣曲式套曲形式创作。但有乐章数多于或少于四个的交响乐，例如近现代的交响乐也有只有一个乐章或有六七个乐章的。此外，有些交响乐还带有合唱或独唱的人声演唱。如：上文图 4-3 提到的贝多芬《第九交响曲》，因其第四乐章加入了大型合唱，故后人称之为"合唱交响曲"。该曲合唱部分是以德国著名诗人席勒的《欢乐颂》为歌词而谱曲的，后来成为该作品中最为著名的片段。整部交响乐作品有多达上百页乐谱，按照多行谱表显示不同乐器的演奏声部，以"木管乐器、铜管乐器、打击乐器及弦乐器"的次序纵向排列，每组乐器再大致按照其应用的音域，自上而下进行细分。

可见，作曲家的内心听觉转化成乐谱的形式，从无到有表达了出来，让乐音①的频率跃于纸上，让经典永流传。而我们的外在听觉用于感受这些美的频率，不断提升审美的耳朵，积累丰富的听感经验，也可以拥有属于自己的内心听觉。当我们看一幅画、欣赏一处美景，脑海里自然浮现其他的联觉感受：有可能是诗，也有可能便是一部恢宏的交响乐。

有了内心听觉，就有了音乐审美。个性、品位、体验、感性思维等这些无形的感觉，不仅对于音乐家至关重要，对于我们每一个人都不可或缺。当今，五线谱已是音乐领域中通用的世界语，通过代代流传的乐谱，我们可以和那些古老的灵魂对话，和音乐经典对话。

美的想象

每天聆听 10 分钟古典音乐，坚持做音乐想象力练习，在古典音乐里提升审美能力和个人气质，在经典音乐的氛围中培养艺术感知力。

---

① 乐音即发音物体有规律地振动而产生的具有固定音高的音。乐音是音乐中所使用的最主要、最基本的材料，音乐中的旋律、和声等均由乐音构成。

交响乐之父——海顿

海顿《惊愕交响曲》

弗朗茨·约瑟夫·海顿（1732-1809）维也纳古典乐派奠基人（图4-4）。一生共创作了100余首交响曲、大量弦乐四重奏及歌剧，以及康塔塔、清唱剧等。

据说伦敦贵族在欣赏"交响乐之父"海顿的音乐会上，经常打瞌睡。生气的海顿在1791年写了这部《惊愕交响曲》。新作品首演的时候，附庸风雅的王公贵族如期而至。大家都希望能够见识一下海顿新作品的风格，可

▷ 图4-4　海顿画像

他们仍然像往常一样在乐曲第二章缓慢、轻弱的前奏中昏昏欲睡。可就在半梦半醒之际，他们被海顿在乐曲中所安放的突如其来的猛烈声音震醒。于是，这首让贵族们出丑，让海顿窃喜的第94号交响乐就被后人称为《惊愕交响曲》。

音乐4-4
《惊愕交响曲》片段

（三）了解丰富多彩的乐器

1. 中国古代八音乐器

中国古典的诗文中，就有大量关于音乐及乐器的描述，作者在欣赏音乐中唤起美的联想，在联想中又加深着美的感受。白居易在琵琶声中听到了什么？他听到了"弦弦掩抑声声思，似诉平生不得志。低眉信手续续弹，说尽心中无限事。"苏东坡在《赤壁赋》中怎么形容洞箫呢？他写到"其声呜呜然，如怨如慕，如泣如诉；余音袅袅，不绝如缕。舞幽壑之潜蛟，泣孤舟之嫠妇。"

我国传统乐器种类繁多，历史悠久，有关乐器分类的理论，早在先秦时期，便有所记载。《尚书·益稷》中记载："予欲闻六律，五声，八音"，《尚书》中也有其他相关文字记载如"四海遏密八音""八音克谐"；而在《周礼·春官》中更是有详细的记载和介绍："皆文之以五声，宫、商、角、徵、羽；皆播之以八音，金、石、土、革、丝、木、匏、竹"。从这些古史资料中，不难看出西周时期，中国的乐器分类理论已然相对成熟稳定，这种以制作乐器的材料材质为依据和主导的划分方法，叫作"八音分类法"。

（1）金类乐器 金是指金属乐器，大多由铜或铜锡混合制成。在古代种类繁多的金属乐器中，其中最主要的是钟类乐器，而钹、锣等也是金属乐器。它们的共同特性是声音洪亮、音质清脆、音色柔和，足以代表中国乐器金石之声。以钟为例，形体较大单独悬挂的，叫作"特钟"；由许多较小的钟编排悬挂而成的，叫作"编钟"，编钟敲起来声音各不相同，有高低变化。乐匠们将不同大小、不同音律、不同音高的钟编成组，可以演奏出悠扬悦耳的乐曲。到周朝末期至春秋战国时期，编钟进入鼎盛时期，一套编钟的数量多达六十多枚，奏出的音乐更加动听，并且成为一种礼仪乐器。这种单纯的乐器开始在政治、文化上担任重要角色。

（2）石类乐器 石指的是石制乐器，而石制乐器主要是磬。磬是以坚硬的大理石或玉石制成。石质越坚硬，声音就越铿锵洪亮。磬可分为特磬，编磬等。编磬是由十六枚形式大小不同或厚薄不同的石块编悬而成。磬这种乐器是从石器发展而来的。在3 000多年前的商代，磬已有了广泛的制作和运用，并发展成用玉石制造，之后又有了编磬的出现，可以击出旋律。

（3）丝弦乐器 丝即指用蚕丝制成弦，再制作成乐器。在秦汉以前，丝弦乐器只有琴和瑟两种，秦汉以后才有筝、箜篌、阮弦、秦琴、三弦、琵琶、胡琴等。"琴"在中国的乐器里最富于代表性。关于琴的故事有"高山流水"这样的佳话。

古琴是世界上最古老的乐器之一。相传虞舜作五弦之琴，到周代文王、武王各增一弦。至此，五弦琴成为七弦琴的形制。而古琴的文化历史，实与中华传统文化息息相关，从最早的"黄帝鼓清角之琴，以合大地鬼神"、箕子"隐而鼓琴自悲"，到文人的"琴棋书画"，琴即为四艺之首。

筝也是一种极富表现力的乐器，发音轻柔、典雅、华丽而委婉。大筝发音柔和雅致，小筝发音清脆明亮。

（4）竹类乐器 竹是指以竹类植物为材料制成的乐器，主要有箫、笛和管。箫和笛常常容易相混，但其实比较简单的区别是直吹为箫，横吹为笛。二者虽然都是竹子做成的乐器，但性质和音色各有不同。如果要进一步辨别箫和笛，其不同之处在于笛有膜，出音特别嘹亮，而箫无膜孔，音色柔和。

（5）匏类乐器 匏瓜为一年生草本植物，果实比葫芦大，古人用

音乐4-5
中阮《火把节之夜》

音乐4-6
古琴《阳关三叠》

音乐4-7
古筝《平湖秋月》

匏瓜制成乐器，即匏类乐器。匏类乐器包括笙、竽等簧片乐器。笙是和声乐器，而竽形状很像笙，但比笙大一点，管也比笙多，战国以前在民间极为盛行。关于竽我们最熟悉的还是"滥竽充数"的典故。春秋战国时，齐宣王喜好听吹竽，吹竽的时候一定要许多人齐吹，原本不会吹竽的南郭先生，混在乐队中凑数。齐宣王死后，湣王继位，也喜好听竽，但要乐师一个一个吹来听，南郭先生怕被发现而受罚，只好落荒而逃。可见笙和竽早在数千年前就已经普遍流行。

（6）土类乐器　八音中主要的土类乐器，只有两种：一个是埙，另一个是缶。埙的历史悠久，目前发现最为古老的埙距今已有 7 000 余年，埙最初只有一个吹口，有音孔，而后慢慢增加演变为八孔埙、十孔埙和半音埙。埙的音色柔美、音质圆润，有一种高处不胜寒的凄凉美感。

缶的形状像一个小缸或火钵，本来是用来装酒的瓦器，敲打起来就算是音乐了。战国时，秦昭襄王和赵惠文王在渑池会盟，秦王要求赵王鼓瑟，慑于强秦，赵王只得不情愿地弹了一下，秦王于是让人记录"赵王为秦王鼓瑟"，于是赵国的臣子蔺相如也要求秦王为赵王击缶，秦王不愿意，蔺相如便威胁秦王，最终迫使秦王击缶。

（7）革类乐器　革类乐器是指以野兽皮革制成的乐器，其中最主要的是鼓，鼓也是古代人民较早使用的一种乐器。鼓的作用很多，平时可当乐器，以配合舞蹈节拍，在战时则可激励士气。中国鼓的种类很多，常见的有大鼓、花鼓、腰鼓、堂鼓等。

（8）木类乐器　木类乐器算是一种打击乐器，最初有柷、敔、拍板等，后来有木鱼、梆子等。柷（zhù）是一种古代打击乐器，方形，以

美的思考

分析下图 4-5 至图 4-12 中的乐器分别为八音中的哪一类？

▷ 图 4-5　编钟

▷ 图 4-6　编磬

▷ 图4-7　埙

▷ 图4-8　中国鼓

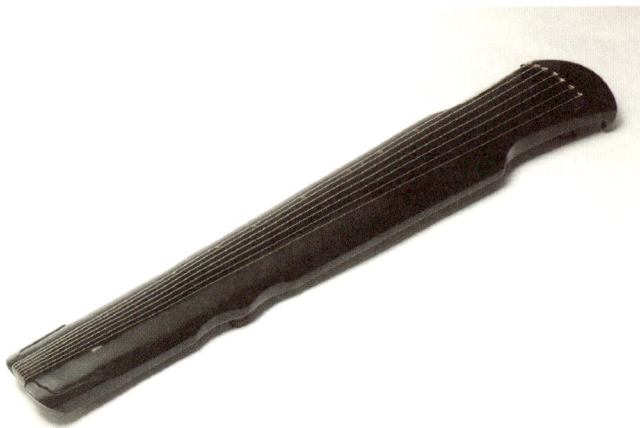

▷ 图4-9　古琴

▷ 图4-10　木鱼

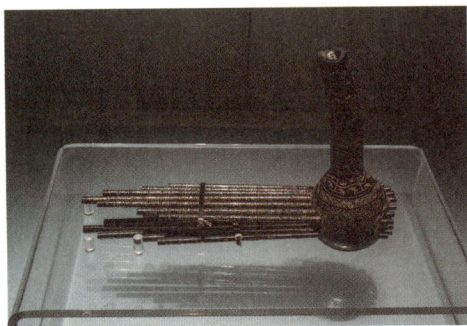

▷ 图4-11　笙

▷ 图4-12　笛

木棒击奏，用于宫廷雅乐，表示乐曲开始。后用来作为一种祭祀用的启奏乐器。而敔（yǔ）也是一种打击乐器，用于宫廷雅乐，表示乐曲结束。拍板就是两片竹板形成，相互敲击可以发出声响。

中国乐器具有功能之美。中国的乐器除了主要作为演奏音乐之用外，其实还有其他功能。它们不但是各个时期的娱乐用器和装饰摆设，更是重要的礼仪及传讯用器。例如：钟作为一种乐器，其功能不仅是为了娱乐，它还代表一种礼仪，一种宣教、治国的重要手段。先秦时期，钟被列为八音之首，可见它不仅是宫廷音乐的首要乐器，也是地位的象征，只有君王和诸侯才有资格欣赏钟鼓之乐。《周礼》中对拥有钟的人的地位和数量也作出了严格的规定。

古人还用乐器的弹奏来传达讯息。如：古时战争，多以鼓声来传达军令；在日常生活中，则以梆子或小锣来报更；有一些少数民族则以口簧来通信、对话。

中国乐器具有文化之美。《史记·乐书》有言："故乐所以内辅正心而外异贵贱也"。传统的说法一把好琴要具备九种品德，就是奇、古、透、静、润、圆、清、匀、芳。中国古代对于乐器历来讲求一个"品"字，即所谓"乐品"。就是该乐器天生所具备的基本品质，包括它在音乐表现上的层次和品位。同时在欣赏乐器时能够感受到演奏者的品德修养和思想境界。

美的讨论

通过对八音分类法的了解，聆听相关乐器的音乐作品，细细品味和感受中国乐器之美。

2. 了解弦乐

弦乐器是通过拉、弹、拨、击的方法使弦振动而发声，再借助共鸣箱使弦的声音在共鸣箱中共鸣而被放大。弦乐器是乐器家族中的一个重要分支，在古典音乐乃至现代轻音乐中，几乎所有的抒情旋律都由弦乐声部来演奏。可见，柔美、动听是所有弦乐器的共同特征（图4-13）。弦乐器的音色统一，有多层次的表现力：合奏时澎湃激昂，独奏时温柔婉约，弦乐器又因为丰富多变的弓法（颤、碎、拨、跳等）而具有灵动的色彩。

▷ 图4-13 大提琴和小提琴

音乐4-8
大提琴《幸福的味道》

音乐4-9
小提琴《丰收渔歌》

弦乐器通常用不同的弦演奏不同的音，有时则须运用手指按弦来改变弦长，从而达到改变音高的目的。弦乐器从其发音方式上来说，主要分为弓拉弦鸣乐器和弹拨弦鸣乐器。

中国传统拉弦乐器主要有二胡、板胡、革胡、马头琴、艾捷克、京胡、中胡、高胡等，中国传统弹拨弦鸣乐器主要有琵琶、古琴、古筝、阮、柳琴等。

西洋弓拉弦鸣乐器主要有小提琴、中提琴、大提琴、低音提琴等。西方弹拨弦鸣乐器主要有竖琴、吉他、电吉他、电贝斯等。

3. 了解管乐

（1）木管乐器　木管乐器起源很早，从民间的牧笛、芦笛等演变而来。木管乐器是乐器家族中音色最为丰富的一族，常被用来表现大自然和乡村生活的情景。在交响乐队中，不论是作为伴奏还是用于独奏，木管乐器都有其特殊的韵味，是交响乐队中色彩性乐器的重要组成部分。

木管乐器大多通过空气振动来产生乐音，根据发声方式，大致可分为唇鸣类（如长笛等）和簧鸣类（如单簧管等）（图4-14）。木管乐器的材料并不限于木质，同样有选用金属、象牙或是动物骨头等材质的。它们的音色各异、特色鲜明，从优美亮丽到深沉阴郁，应有尽有。正因如此，在乐队中木管乐器常善于塑造各种惟妙惟肖的音乐形象，大大丰富了管弦乐的效果。

音乐 4-10
柳琴《木棉花开》

音乐 4-11
木管五重奏《挪威舞曲》

双簧管　　长笛　　单簧管　　大管

▷ 图 4-14　西洋木管组乐器

中国传统民族乐器中的笛、箫、唢呐等即属于此类。西洋乐器唇鸣类木管乐器有长笛、短笛等；簧鸣类乐器有单簧管、双簧管、英国管、大管、萨克斯管等。

（2）铜管乐器 铜管乐器的前身大多是军号和狩猎时用的号角。在早期的交响乐中使用铜管的数量不大。在很长一段时期里，交响乐队中只用两只圆号，有时增加一只小号。到19世纪上半叶，铜管乐器才在交响乐队中被广泛使用。铜管乐器的发音方式与木管乐器不同，不是通过缩短管内的空气柱来改变音高，而是依靠演奏者唇部的气压变化与乐器本身接通"附加管"的方法来改变音高。

所有铜管乐器都装有形状相似的圆柱形号嘴，管身都呈长圆锥形状（图4-15）。铜管乐器的音色特点是雄壮、辉煌、热烈，虽然音质各具特色，但宏大、宽广的音量为铜管乐器组的共同特点，这是其他类别的乐器所不能达到的。西洋铜管乐器主要有小号、短号、长号、圆号、大号。

音乐 4-12
唢呐演奏《百鸟朝凤》

音乐 4-13
铜管乐合奏《卡农》

▷ 图 4-15 西洋铜管乐器组

4. 了解键盘乐器

在键盘乐器家族中，所有的乐器均有一个共同的特点，那就是键盘。但是它们的发声方式却有着微妙的不同，如钢琴属于击弦打击乐器类，而管风琴则属于簧鸣乐器类，而电子合成器则利用了现代的电声科技发声。键盘乐器相对于其他乐器家族而言，有其不可比拟的优势，那就是其宽广的音域和可以同时发出多个乐音的能力。正因如此，键盘乐器即使是作为独奏乐器，也具有丰富的和声效果和交响乐色彩。所以，从古至今，键盘乐器倍受作曲家和音乐爱好者们的关注和喜爱。常见的键盘乐器有钢琴、管风琴（图 4-16）、手风琴、电子琴。

▷ 图 4-16 管风琴

5. 了解打击乐器

音乐 4-14
打击乐合奏

打击乐器指用器物（棒、槌等）打击膜、板、棒等东西，使之振动而发音的乐器的总称。这类乐器的激振器件与共鸣器件常常是同一件东西（如钦、音叉等），振动形式都是靠外力打击乐器使之振动而发音。西洋乐器中的定音鼓、木琴、三角铁等即属于此类（图 4-17）。

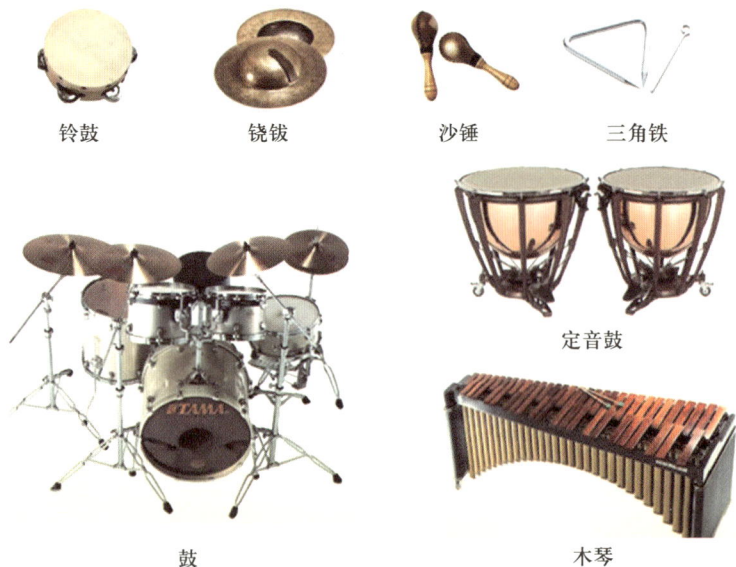

铃鼓   铙钹   沙锤   三角铁

定音鼓

鼓   木琴

▷ 图 4-17 乐队中的打击乐器组

民族打击乐器在我国民族音乐和戏曲音乐中起到了不可替代的重要作用。中国民族打击乐器品种多，技巧丰富，具有鲜明的民族风格。民族打击乐器可分为有固定音高和无固定音高两种。

根据其发音不同可分为：响铜，如大锣、小锣、云锣、大钹、小钹、碰铃等；响木，如板、梆子、木鱼等；皮革，如大小鼓、板鼓、排鼓、象脚鼓等。

中国民族打击乐器不仅是节奏性乐器，而且每组打击乐群都能独立演奏。演奏者通过运用独特的音乐语言和多种编配技法、复杂的演奏技巧，使民族打击乐器对烘托气氛、表现音乐内容、戏剧情节的变化和加重音乐的表现力都具有非常重要的作用。

二、听见古典音乐之美

学会聆听，能把专注力完全交给耳朵来感受音乐所带来的和谐频率，培养审美趣味、提升欣赏品味，尤为重要。但古今中外音乐风格多样、作品浩瀚如海，因此，在培养听觉审美的时候，往往以中外古典音乐为首要内容。经由时间的沉淀，经典音乐作品是显现人类精神文明之花，更是金字塔尖上的明珠。

（一）何为古典音乐

狭义的古典音乐是指那些从西方中世纪开始至今、并在欧洲主流文化背景下创作的音乐，或者指植根于西方传统礼拜式音乐和世俗音乐的音乐形式，其时间范围涵盖了约公元 9 世纪至今的全部时期。主要因其复杂多样的创作技术和所承载的厚重内涵而有别于通俗音乐和民间音乐。在娱乐时代，古典音乐赋予我们一种追求经典品质的精神。20 世纪以前，音乐史是由作曲家谱写的，乐谱是唯一能流传下来的文本，作曲家的创造力塑造了每个年代不同的音乐风格，如：巴洛克风格、古典主义、浪漫主义及现当代的序列主义等。

此外，古典音乐根据其英文字面含义也包含了一层"经典音乐"的意思（图 4-18）。在《罗沃尔特音乐家传记丛书》中，猫王、列侬、阿姆斯特朗都被排在古典音乐家行列，可见到了 20 世纪，古典音乐已经突破了风格界限。就像人们说的，世界上只有两种音乐：好的音乐和不好的音乐。

音乐 4-15
贝多芬 D 小调
第九交响曲选段

▷ 图 4-18　全球瞩目的古典音乐盛典——维也纳新年音乐会

其实，我们可以这样理解，古典音乐是历经岁月考验，经久不衰，为观众喜爱的音乐。古典音乐是一个独立的流派，艺术手法讲求洗练，追求理性地表达情感。古典音乐是一种审美逻辑，古典音乐鉴赏力可以循着逻辑刻意训练。我们可以透过古典音乐拓展人文视野，提高艺术修养，从不朽的音乐作品里汲取美和精神力量，提升生活幸福指数。当人们听到贝多芬、莫扎特、舒伯特等古典音乐家的音乐作品时，人们感受到的不仅仅是优美的旋律，充满意趣的思想，还有真挚的情感，或宁静、典雅，或震撼、鼓舞，或欢喜、快乐，或悲伤、惆怅。

音乐 4-16
德沃夏克《e 小调第九
交响曲》选段

小贴士

世界四大小提琴协奏曲

贝多芬的 D 大调小提琴协奏曲

柴可夫斯基的 D 大调小提琴协奏曲

勃拉姆斯的 D 大调小提琴协奏曲

门德尔松的 e 小调小提琴协奏曲

（二）中国音乐十大名曲

中国传统民族音乐历史悠久，它从历史文化长河中缓缓走来，被数千年的民族文化积淀滋养着，并在中华民族高洁的精神与品格影响下，形成了独具东方魅力、中华民族风格和色彩的音乐艺术。中国的音乐美学同中国的绘画一样讲究意韵，但却不像绘画作品有实物留下，中国音乐的流传大都是口传心授，但我们仍可从历史文献中探寻其美。中国古代文人亦有许多关于聆听音乐的著名诗作，如白居易《琵琶行》、韩愈《听颖师弹琴》、李贺《李凭箜篌引》等。

中华古韵，一向有十大名曲一说，分别为《高山流水》《广陵散》《平沙落雁》《梅花三弄》《十面埋伏》《夕阳箫鼓》《渔樵问答》《胡笳十八拍》《汉宫秋月》《阳春白雪》。这些曲目的名字我们都很熟悉，古典诗词小说、成语中也都曾出现过，但很多人只闻其名，却未曾听过这些中国古典音乐的真实旋律。

据专家考证，这些古代名曲的原始乐谱大都失传，今天流传的不少谱本都是后人委托之作。尽管如此，为了解中国音乐审美文化，这些经典作品，仍是值得我们品味和遐想的艺术精品。[①]

1.《高山流水》

据文献记载，《高山流水》原为一曲，自唐代后《高山》与《流水》分为两首独立的琴曲。其中《流水》一曲，在近代得到更多的发展，曲谱初见于明代朱权所著《神奇秘谱》（成书于1425年）。管平湖先生演奏的《流水》曾被刻入铜制磁盘唱片，载于美国宇航局研制的无人外太阳系空间探测器旅行者1号上，于1977年发射到太空，向茫茫宇宙寻找新的"知音"。

音乐 4-17《高山流水》

2.《广陵散》

《广陵散》又名《广陵止息》，为《神奇秘谱》所载，是我国古代的一首大型器乐作品，为汉魏时期相和楚调组曲之一。嵇康因反对司马氏专政而遭杀害，临刑前曾从容弹奏此曲以寄托。据《神奇秘谱》载录，

音乐 4-18《广陵散》

① 注：此处所配音频均为后世创作演绎，且不是唯一版本。

此曲原是东汉末年流行于广陵地区的民间乐曲，曾用琴、筝、笙、筑等乐器演奏，现仅存古琴曲。

3.《平沙落雁》

《平沙落雁》又名《雁落平沙》《平沙》，是一首展景抒怀的琴曲。相传作者有唐代陈子昂、宋代毛逊、明代朱权等，众说不一。曲谱最早载于明末崇祯七年（1634）刊印的《古音正宗》中，由藩王朱常淓纂集。

4.《梅花三弄》

古琴曲《梅花三弄》又名《梅花引》《梅花曲》《玉妃引》，是中国古典乐曲中表现梅花的佳作，早在唐代就在民间广为流传。全曲表现了梅花洁白芳香、凌霜傲雪的高尚品性，是一首充满中国古代士大夫情趣的琴曲。

5.《十面埋伏》

《十面埋伏》是一首著名的大型琵琶曲，堪称曲中经典。乐曲内容的壮丽辉煌，风格的雄伟奇特，在古典音乐中所罕见。此曲最早见于华秋萍1818年出版的《琵琶谱》，1895年李芳园编订的《南北派十三套大曲琵琶新谱》中将它改名为《淮阴平楚》。琵琶曲《十面埋伏》出色地运用音乐手段表现了古代战争的激烈战况，向世人展现了一幅生动形象的古战场画面。

6.《夕阳箫鼓》

此曲流传甚广，是琵琶古曲中的代表作品之一。乐谱最早见于1875年前后吴畹卿抄本。1925年前后，上海大同乐会将此曲改编成丝竹乐曲《春江花月夜》，它犹如一幅长卷画面，把多姿多彩的情景联合在一起，通过动与静、远与近、情与景的结合，使整个乐曲富有层次、高潮突出、引人入胜。

7.《渔樵问答》

《渔樵问答》是一首流传了几百年的古琴名曲，反映的是一种隐逸

音乐 4-19
《平沙落雁》

音乐 4-20
《梅花三弄》

音乐 4-21
《十面埋伏》

音乐 4-22
《夕阳箫鼓》

之士对渔樵生活的向往，希望摆脱凡尘俗事的羁绊。音乐时而出现伐木或摇橹的声响，形象生动。乐曲通过描绘出打鱼砍樵之人在青山绿水中悠然自得的神态，使人形象地联想起渔樵生活的情景。

音乐 4-23
《渔樵问答》

8.《胡笳十八拍》

古琴曲《胡笳十八拍》是根据汉代以来流传的同名叙事诗而创作的琴曲，是我国音乐史上一首杰出的古典名曲。全曲共十八段，以十分感人的乐调诉说了蔡琰一生的悲惨遭遇，反映了战乱给人民带来的深重灾难，抒写了主人公对祖国、故土的深沉思念及骨肉离别的痛苦感情。《胡笳十八拍》被郭沫若称为"是一首自屈原的《离骚》以来最值得欣赏的长篇抒情诗"。

音乐 4-24
《胡笳十八拍》

9.《汉宫秋月》

中国传统音乐中，同名异曲、异曲同名的现象很多，乐曲各个版本的历史渊源与流变往往需要艰苦的考证。《汉宫秋月》就有琵琶曲、二胡曲、古筝曲、江南丝竹等不同版本。由一种乐器曲谱演变成不同谱本，且运用各自的艺术手段进行再创造，以塑造不同的音乐形象，这是民间器乐在流传中常见的情况。乐曲表现了古代宫女哀怨悲愁的情绪及一种无可奈何、寂寥清冷的生命意境。

音乐 4-25
《汉宫秋月》

10.《阳春白雪》

现存琴谱中的《阳春》和《白雪》是两首器乐曲，相传是春秋时期晋国的乐师师旷或齐国的刘涓子所作，乐曲产生的年代没有确切的史料可以说明。唐代显庆二年（657）吕才曾对其加以修订。《神奇秘谱》在解题中说："《阳春》取万物知春，和风淡荡之意；《白雪》取凛然清洁，雪竹琳琅之音。"后来"阳春白雪"一词用来泛指高深的、不通俗的文学艺术。

音乐 4-26
《阳春白雪》

古今中外经典音乐数不胜数，曲目风格多样、体裁广泛，这些作品不仅仅是美而丰富的乐音，更是人类精神的涌动，让我们在浩瀚的曲库当中感知美的频率，体味美的联觉，培养建立良好的听觉审美思考。

课后审美实践

制作一个"我最喜爱的古典音乐作品推荐"包含推荐语、作品背景、艺术风格、我的审美感受等。

最喜爱的古典音乐作品推荐	推荐语	作品背景	艺术风格	审美感受
01				
02				
03				

拓展阅读　》

- 田艺苗《穿 T 恤听古典音乐》（图 4-19）
- （日）饭尾洋一《古典音乐说明书》
- （美）耶胡迪·梅纽因、柯蒂斯·W. 戴维斯，冷杉译《人类的音乐》
- 冯彬《音乐与心灵的对话：中国民族音乐鉴赏》
- 上海文艺出版社《音乐欣赏手册》
- 黎孟德《中国音乐故事欣赏》
- 焦元溥《乐之本事》

▷ 图 4-19　《穿 T 恤听古典音乐》书影

任务五

塑造美的品质

课前关键词自查：

真善美、品质

课前审美探索

美的讲述

雕塑家罗丹说过：生活中不缺少美，缺少的是发现美的眼睛。你有一双发现美的眼睛吗？你发现过生活中那些被人忽略的美吗？请选择一位你身边的人，也许是熟悉的、也许不怎么熟悉，将你发现其身上美的品质给大家进行讲述。

Note

　　人生的目的在于追求真善美。习近平总书记曾在中国政法大学考察时强调："广大青年人人都是一块玉，要时常用真善美来雕琢自己，不断培养高洁的操行和纯朴的情感，努力使自己成为高尚的人。"真，即是本真，求真要求我们诚信笃实；善，即是向善，向善要求我们敢于奉献；美，即是尚美，要有认识美、追求美、创造美的能力，尚美要求我们要进行美的发现和美的创造。真善美是人们对于人格培育的长久追求，也是新时代以美育人的主要内容。

一、感受职业之美

　　每种职业都承担着一定的社会责任，也享有一定的社会权利。每种职业都体现和处理着一定的利益关系，职业劳动既是为社会创造经济、文化效益的主要渠道，也是一个人主要的谋生手段。做一个求真的人，通过感受职业细细品味职业本真的魅力。

（一）劳动美

　　劳动美是人们在生产劳动中形成和表现出的美（图 5-1）。马克思说："劳动创造美。"他谈到"劳动和游戏"时说到，"劳动以自己的内

▷ 图 5-1　从事生产劳动的劳动者

容和方式越少吸引劳动者，因而劳动者越少把劳动作为体力和智力的游戏来享受"①，劳动也就成为外在目的强制下所进行的苦役，劳动者就不可能本着敬业的精神去从事。劳动者要从劳动中找到自身存在的价值。这样，才能从劳动的本身领略劳动的意义和乐趣。这就是职业道德的一种表现。

劳动是人类的本质活动，是推动人类社会进步的根本力量。中华民族的辉煌历史，当代中国震惊世界的发展奇迹，都是勤劳智慧的中国人民用伟大的劳动创造出来的。劳动创造美好生活，也是一切幸福的源泉。人世间的美好梦想，只有通过劳动才能实现；发展中的各种难题，只有通过劳动才能破解；生命里的一切辉煌，只有通过劳动才能铸就。实现我们的奋斗目标，开创世界的美好未来，必须依靠辛勤劳动、诚实劳动和创造性劳动。

被誉为"新时期铁人"的王启民、"知识工人"邓建军、"马班邮路"王顺友、"中国航空发动机之父"吴大观、战斗在钢铁一线的焊接专家艾爱国、发明"王码五笔字型"推动汉字信息化的王永民、"当代活雷锋"郭明义、产业工人典型杰出代表许振超、"蓝领专家"孔祥瑞、工人发明家包起帆等一大批劳动模范和先进工作者，干一行、爱一行，专一行、精一行，带动广大群众锐意进取、积极投身改革开放和社会主义现代化建设，为国家和人民建立了杰出功勋。正是在不同战线、不同岗位、不同职业不断涌现出的劳模人物，彰显了劳动美的内涵，启发我们通过劳动创造幸福美好的生活。

而在动物界中蜜蜂则是勤劳美的代表（图5-2）。蜜蜂在有限的生命里，辛勤劳作，从不懈怠，直到生命的最后一刻。在蜜蜂的身上，不仅昭示着勤劳的美德，而且体现着奉献精神、团队精神、务实精神、自律精神，也正映射着人类

▷ 图5-2　蜜蜂采花酿蜜

---

① 米海伊尔·里夫希茨. 马克思 恩格斯论艺术 [M]. 曹葆华，译. 北京：人民文学出版社，1960：369.

的职业精神。

蜜蜂象征着勤劳精神，事实上在蜜蜂短暂的一生中几乎没有从工作中停歇过。蜜蜂象征着团队精神，蜂群中有蜂王、工蜂和雄蜂三种类型，其中数量庞大的工蜂群又可分为哺育蜂、筑巢蜂、采集蜂、守卫蜂、侦查蜂等，这些蜜蜂不但各司其职而且高效协作，这在动物世界中很少见。蜜蜂象征着奉献精神，"终日酿蜜身心劳，甜蜜人间世人效"等诗句便是对蜜蜂奉献精神的讴歌，此外蜜蜂在守卫蜂群安全时也不怕牺牲，哪怕为此付出生命也绝不犹豫。蜜蜂象征着务实精神，数据表明蜜蜂酿造 1 000 克蜂蜜约要造访 100 万～ 500 万朵花，飞行距离差不多可达 45 万千米，几乎可绕地球赤道飞行 11 圈。蜜蜂象征着自律精神，实际上蜜蜂群体中并没有严格意义上的领导者，也没有所谓的"监工"等角色来监督蜂群的工作。蜜蜂是地球上现存的最古老的物种之一，自古以来便是勤劳敬业和团队精神的象征，从蜜蜂身上，我们能够感受到精神的激励和鼓舞。

（二）职业的魅力

职业指的是一个人从事的、以获取收入为目的的工作或职业领域。职业通常需要特定的技能、知识和培训，人们通过投入时间和努力来发展和提升自己在特定领域的能力和经验。职业的选择往往与个人的兴趣、能力和价值观有关。有些人可能选择进入特定行业，如医生、律师、教师等，从事这些行业需要专业学习和资格认证。还有些人可能选择自主创业，经营自己的企业或事业。

职业的魅力可以理解为人们从事特定工作或职业而感受到的吸引力和满足感，主要体现在五个方面：第一自我实现，职业的魅力在于帮助个人实现自身的价值和潜力。通过从事自己喜爱和擅长的职业工作，人们可以充分发挥自己的才能和能力，追求自我成长和进步，获得满足感和成就感。第二经济收入，职业的魅力也体现在能够提供稳定的经济收入。具备高薪、福利和奖金等好的职业可以给人们提供物质保障和金钱上的满足，提高生活质量和满足个人和家庭的需求。第三社会地位与认可，某些职业拥有较高的社会地位和荣誉，从事特定职业可以获得社会的认可和尊重。在社会上，人们常常以职业身份作为评价和判断一个人的标准，从事备受尊重和崇拜的职业工作可以带来自信和满足感。第四知识与技能的发展，职业的魅力还在于提供了不断学习和成长的机会。通过从事特定职业，人们可以不断积累和提升自己的知识、技能和经验，追求专业发展和职业晋升。第五影响他人和社会，一些职业可以直接或间接地对他人和社会产生积极的影响，为社会做出贡献。从事能够改善他人生活、传递正能量和促进社会发展的工作，可以带来职业满足感和成就感。

总之，职业的魅力在于能够实现个人的自我价值和发展，提供稳定的经济收入，赋予个人社会地位和认可，提供学习和成长的机会，并对他人和社会产生积极的影响。不同人对职业魅力的认知和追求因个人价值观、兴趣爱好和生活目标而异。

案例 最美人物张露娜——以专业社工服务，点亮他人生活之光

张露娜从本硕研读"社会工作"专业时起，就对社会工作产生了兴趣和热爱。2013 年，她放弃香港待遇优渥的岗位，来到玉环楚门，创办了台州市第一家乡镇社工机构"楚门天宜"。如今，"天宜"在她的带领下愈发成熟，而她的社工之路也还在继续。

2013 年 7 月，导师联系到张露娜，邀请她到台州市楚门镇做基层社会工作。机会难得，又与自己热爱的事业相契合，张露娜没有多考虑，就选择了留在楚门镇，成立了"楚门天宜"社会工作服务社，一做就是 8 年多。当时，社会对社工行业的了解很少，张露娜遇到的最大困难，就是如何让民众接受"社会工作"这个新鲜事物。她选择用自己专业和真诚的行动，通过对弱势群体持之以恒的服务，一步步打消了居民的紧张和顾虑。对于不愿意主动寻求帮助的老人，张露娜与同事们主动上门走访，定期探望，让老人加深对社工的信任，吐露自己的需求；社交媒体平台兴起后，张露娜还采用短视频等形式，在网络上对社工工作进行宣传和解读，希望有更多需要帮助的人选择社工。

如今，张露娜带领的"天宜"团队，已经从最初的 3 人，发展到现

在的有78名持证社工和4 000余名志愿者的专业社工团队，累计帮扶个案4 092个，成立专业小组85个，开展社区教育10 000余场，志愿服务逾80 000小时。这些年来，张露娜帮扶了涉罪未成年人、社区矫正人员、孤寡独居长者和低保困难户等多类人群。她坚持"助人自助"的理念，把帮扶过程看作是"陪他们度过生命中难忘的一段困境"，觉得每一次帮扶经历都很有意义。

多年的社会工作使她形成了从"优势视角"看人的习惯。无论是曾经犯罪的人，还是生活困难的人，她都相信他们的潜能和价值。她认为，社工是一个"看见和点亮"的角色，要做的就是"把服务对象身上优势的亮光给点起来"。很多服务对象在结案后，仍然与她保持着联系，在考取大学、选择工作等人生重要节点时，都会与她分享，这令她非常感动。尤其是一位曾在青春期因情绪问题接受过张露娜疏导的学生，后来在读大学时选择了社工专业，毕业后回到曾经帮助过他的"天宜"工作。服务对象变成了同事，张露娜觉得很有价值感。"生命影响生命。你用心对别人，别人也会用心回馈你。"

如今社工行业发展仍不成熟，很多年轻人对社工行业的认识不够，不愿意坚持做下去。张露娜却用自己对社工事业的真心和坚持，打动了身边同事。当初和她一起成立"天宜"的很多同事，近十年来都还在和她一起共事。看到"天宜"越来越专业，自己培养出的员工独立进行一次又一次帮扶，整个社工行业也越来越规范，张露娜觉得，自己没有选错社工这条路。张露娜坚持用专业化和标准化的社工服务要求"天宜"。她将过去在香港从事5年社会工作的经验用到现在的基层社工服务中，打破了过去社工服务按次购买的传统，采用了经费合作的政府购买服务方式，为培养团队稳定了资金来源。同时，她重视员工职业伦理与守则意识的培养，以强化社工团队的专业性。"天宜"在她的带领下，创新探索出社会组织参与基层治理的新模式，走出了一条镇域特色的社工新路。

现在，除了严格按照专业的标准来进行服务，张露娜也会把自己的专业知识带到更多社工组织，张露娜正在通过自己的努力，增强社工行业的影响力和推动力。

美的思考

习近平总书记指出："伟大出自平凡，英雄来自人民。""只要踏实劳动、勤勉劳动，在平凡岗位上也能干出不平凡的业绩。"请你从职业的角度感受平凡与不平凡。

张露娜的事迹，正是社工行业最真实的故事，让我们看到了社工的价值，也认识到社工要有肯奋斗、能吃苦、有理想、勇拼搏的精神与决心。张露娜对职业的理解，体现了社会工作者对职业追求的境界和专业。在平凡的岗位上，把平凡的工作做好，就是不平凡。

如何把平凡的工作做好，同样不是简单的事情，需要练就过硬本领，感悟职业的魅力。习近平总书记强调："青年人正处于学习的黄金时期，应该把学习作为首要任务，作为一种责任、一种精神追求、一种生活方式，树立梦想从学习开始、事业靠本领成就的观念，让勤奋学习成为青春远航的动力，让增长本领成为青春搏击的能量。"[①] 青年是整个社会力量中最积极、最有生气的力量，国家的希望在青年、民族的未来在青年。

职业与求真息息相关，新时代的青年要求真，求真学问，练真本领。不管是成就自己的人生理想，还是担当时代的神圣使命，青年都要珍惜韶华、不负青春，努力学习掌握科学知识，提高内在素质，锤炼过硬本领，使自己的思维视野、思想观念、认识水平不断拓展与提升。面对网络时代信息碎片化和知识快餐化的冲击，我们应该戒骄戒躁、踏实学习，增强学习紧迫感，在知识能力不断积累和创新的过程中，练就过硬的实力和本领，使自己在职业路径上更加独特和有价值。当今世界经济全球化趋势不断加深，科学技术发展日新月异，我们应保持对知识和学问的终身追求，认识到职业的魅力来自不断追求真理和提升自己的过程中，对自己和他人的责任感和奉献精神的体现。

二、感知技艺之美

技术美是人类活动的精神结晶，人们在物质生产和产品设计过程中，运用艺术手段对客体进行加工，所形成的审美形态。对高素质技术技能人才而言，对"好用"的追求是第一位的，在技艺娴熟的基础上才可谈"至美"。通过高超的技术和科技，可以感知技艺，细细品味技艺本真的魅力。

---

① 习近平. 在同各界优秀青年代表座谈时的讲话 [N]. 人民日报，2013-5-5（2）.

（一）建筑美

　　中国传统古建筑美轮美奂，具有强烈的时代特色，是中华传统文化中灿烂的重要组成部分，是中国古代人民的智慧结晶。流传千年以后，即便用现在的眼光来看，古建筑依然美不胜收。古建筑之美，在于其承载了数千年的中华历史文明，在于其凝聚了中华儿女的闪光智慧，在于其映射了不同历史时期的人文特色。古建筑之美，更多地体现在一处处的细节中，匠心独运，浑然天成（图 5-3、图 5-4）。

▷ 图 5-3　山西乔家大院

▷ 图 5-4　安徽宏村

歌词中描绘的"天青色等烟雨，而我在等你……"令我们为之心动。歌曲中描绘的场景：青色的砖墙下，微风吹拂过一片油菜花，周围尽是粉墙黛瓦的建筑，满眼是江南水乡的温婉，置身于此，感觉美妙至极。青色的砖，雪白的墙，青黑色的瓦，这是典型的江南民居，这些元素相组合，形成质朴、淡雅的风格，也是江南古建筑的一大特色。江南水乡民居的面貌呈现为平房楼房相掺，山墙各式各样，形成小巷、水巷驳岸上那种高低起伏、错落有致的景观。建筑造型轻巧简洁、虚实有致、色彩淡雅；因地制宜、临河贴水、空间轮廓柔和而富有美感（图5-5）。

▷ 图5-5 周庄古镇

飞檐翘角，曲栏回廊，是中国古建筑的灵魂。"高轩临碧渚，飞檐迥架空。余花攒镂槛，残柳散雕栊。"古人诗句中对于飞檐的描述很多，飞檐也是古建筑中很常见的一个元素，常用在亭、台、楼、阁、宫殿、庙宇的屋顶转角处（图5-6）。

(a)

(b)

(c)

▷ 图5-6 各式飞檐

斗拱是榫卯结合的一种标准构件，是了解中国古代建筑的一把钥匙。它通过榫卯之间纵横交错的结合，不使用一根铁钉，而保证了许多木构建筑屹立千年而不倒，同时也使建筑物出檐更加深远，造型更加优美壮观（图5-7）。

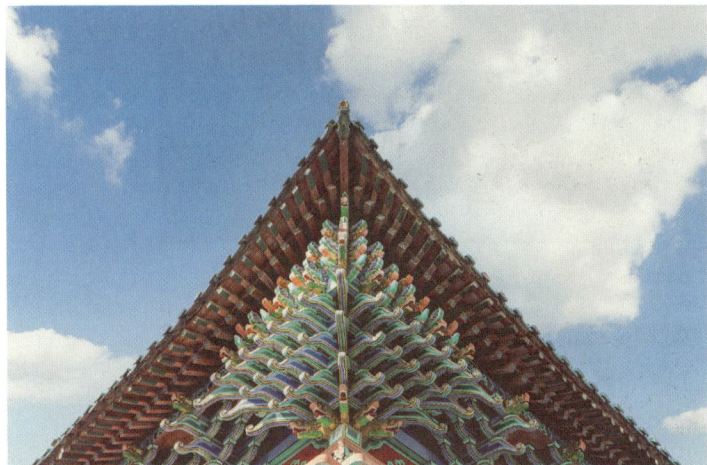

▷ 图5-7 斗拱

梁思成曾经说过："斗拱在中国建筑上的地位，犹柱饰之于希腊罗马建筑；斗拱之变化，谓为中国建筑之变化，亦未尝不可。"斗拱是古建筑中关键榫卯构件，上承屋顶，下接立柱，把屋檐重量均匀地托住，起到了平衡稳定的作用。它是力传递的重要中介。面对地震之类摧毁性的外力，斗与拱之间的榫卯结构，化解了构件之间的强硬对抗，虚实结合、刚柔并济地用内在的弹性，消解矛盾，化险为夷。

留园位于苏州市姑苏区，就像一个江南温婉柔情的姑苏女子，只有慢慢相处才能体会她那种独特的美。留园原是明嘉靖年间太仆寺卿徐泰时的东园，是中国四大名园之一，以园内建筑布局精巧、奇石众多而闻名。冠云峰被称为留园三绝之一（图5-8），集太湖石"瘦、皱、漏、透"四奇于一身。留园内的通道以曲廊为主（图5-9），全园长廊贯通，长达700余米，依势曲折，变化无穷。又以空窗、漏窗、洞门使两边景色相互渗透，建筑空间处理精湛，构成了有节奏、有韵律的园林空间体系，处处显示了小中见大的造园艺术手法。通过环环相扣的空间，形成层层加深的气氛，游人看到的是回廊复折，感受到的是一种"庭院深深深几许"的美。

▷ 图 5-8　留园 冠云峰

▷ 图 5-9　留园 曲廊

中国古建筑没有遥不可及的尺度，没有条理不清的结构，没有节奏模糊的序列，没有百思不解的装饰，也没有不可理解的造型。它要求建筑的空间比例、组合方式、装饰手法都为人所理解和接受。但这种建筑的尺度又不仅限于外在的表现形式，还要求深入到内在的情感；不但要唤起受众的心理感受，尽量赋予特定的伦理内涵，还要运用一定的象征手法，发挥出特定的浪漫情怀。这就是中国古建筑的"美"。

（二）技术的力量

技术的力量是巨大的，在当代社会中扮演着重要的角色，对我们的生活和社会产生了巨大的影响。

　　我们在欣赏古建筑感知技艺美的同时，有想到过建造它的工匠吗？从古代工匠到新时代的工匠，其核心特征究竟是什么？

　　技术与工匠精神相辅相成，共同促进了社会的发展和进步。工匠精神意味着精益求精、精雕细琢，意味着对高品质追求的责任感与自豪感。C919大型客机飞上蓝天、港珠澳大桥主体工程全线贯通、复兴号高铁驰骋于中华大地、神舟十三号载人飞船返回舱成功着陆……每一项伟大成就的背后，都凝结着执着专注、一丝不苟、追求卓越的精神力量。

案例　**最美人物林鸣——港珠澳大桥总工程师**

　　林鸣是港珠澳大桥总工程师，先后主持完成润扬大桥、港珠澳大桥岛隧工程等国家重点工程，攻克十余项外海沉管安装世界级工程难题。他带领团队刻苦钻研、攻克难关，自主研发十余项中国国内首创且世界领先的专用设备和系统，获得数百项专利，创造当年动工当年成岛、一年安装10节沉管的中国速度，浇筑百万方混凝土无一裂缝，建成世界唯一滴水不漏的沉管隧道等诸多世界工程。

　　港珠澳大桥工程是中国境内一座连接香港、广东珠海和澳门的桥隧工程。2007年，林鸣带着工程师们去考察全球各地的桥梁工程，当时世界上只有2条超过3千米的隧道，一个是欧洲的厄勒海峡隧道，还有一个是韩国釜山的巨加跨海大桥。当林鸣带着团队来到釜山时，就向接待方诚恳地提出，能不能到附近去看一看他们的装备，却被拒绝了。

　　作为建造了中国第一大跨径悬索桥"润扬大桥"的负责人，林鸣一宿未眠。从釜山回来后，林鸣更加坚定一个决心：港珠澳大桥一定要找到世界上最好的，有外海沉管安装经验的公司来合作。于是，他们找了当时世界上最好的一家荷兰公司合作，但这家公司却开了个天价：1.5亿欧元，当时约合15亿元人民币。谈判过程异常艰难，最后一次谈判时，林鸣妥协说：3亿元人民币，一个框架，能不能提供给我们最重要的、风险最大的这部分的支持，但是，荷兰人戏谑地拒绝了。跟荷兰公司谈判失利后，林鸣和他的团队就只剩下最后一条路可以走：自主攻关！10年来，几乎每到关键和危险的时刻，林鸣都会像"钉子"一样，几小时、十几个小时、几十个小时地"钉"在工地上。只有体型的变化暴露了一切：他瘦了整整20公斤。

2017年5月2日早晨日出时分，最后一节沉管的安装终于完成了，船上一片欢呼，世界最大的沉管隧道——港珠澳大桥沉管隧道顺利合龙。中国乃至世界各大媒体，都在为这项超级工程的完美落幕欢呼，而此时的林鸣，却在焦急地等待最后的偏差测量结果。

偏差16厘米，这对于水密工程而言算是成功。中国的设计师、工程师，包括瑞士、荷兰的顾问……大多数人也认为滴水不漏，没有问题。但林鸣却说："不行，重来！"经过42小时的重新精调，偏差从16厘米降到了不到2.5毫米！那一夜，他睡了10年来的第一个安稳觉。

10多年的时间，林鸣走完了港珠澳大桥这座世界最长、难度最大的"钢丝"。向他迎面而来的是"最美工程""最美隧道"的标语。但在他看来，高品质的工程不是做给别人看的。越是普通人看不到的地方，越要做好。这个"最美"，不仅是自娱自乐、自我陶醉，还要有益他人，并得到社会认可。

桥梁承载着行人前进的道路，而修建桥梁的许许多多"大国工匠"承载着我们民族的未来。港珠澳大桥（图5-10）的成功不是一个人的努力，是数以万计参与者的共同心血，高品质、高科技的工程彰显着中国的科技实力，展现着我们的团结一心、高标准、严要求。在林鸣身上，"攻坚克难"和"精益求精"仿佛是与生俱来的基因和烙印。林鸣迎难

▷ 图5-10　港珠澳大桥

不惧、敢为人先的担当精神，精益求精、锐意创新的工匠精神，无疑为当今青年学子树立了榜样。

弘扬工匠精神不是一句口号，而是要投入实际行动。践行工匠精神，不但要培养浓厚的兴趣，还要有强烈的事业心、责任感，因为只有那些有事业心、责任感的人，才能几十年如一日钻研某一种技艺技能，造就精品。践行工匠精神，更要把自己的事业追求与国家、社会、行业的需要结合起来，既要热爱本职，还要精研本职，这样才能在平凡岗位上不断追求卓越、创造出彩人生。

近年来，技术发展加快，技术水平飞速提高，技术变得越来越重要。为什么技术如此重要？不仅因为科技的发展，更重要的是它对人类生活的深远影响。

创新是推动技术发展的主要动力之一。习近平总书记曾强调："广大青年一定要勇于创新创造。创新是民族进步的灵魂，是一个国家兴旺发达的不竭源泉，也是中华民族最深沉的民族禀赋，正所谓'苟日新，日日新，又日新'。"新时代的中国青年要勇于创新创造，只有通过创新创造，通过解放思想、实事求是、与时俱进，才能发挥自身最大的价值和群体最大的优势，在为国家和社会做出更大贡献的同时，收获人生的成长。

而勇于创新创造，就要求广大青年要有逢山开路、遇河架桥的意志。"敢啃硬骨头"，在改革创新的困难中勇于攻关，不断解决创新创造中出现的难题，百折不挠，勇往直前。记住，在职业生涯中注重创新创造将为你提供更多的机会和可能性。

美的思考

中央党校教授赖德胜指出："新的发展阶段里面，可能更需要靠的是创新驱动，创新来自哪里？创新来自每一个工作岗位的从业人员发挥自己的主动性、能动性和创造性，自主根据场景、环境的变化，创造性地把工作做得更好，这个也是一种追求卓越的工匠精神。"请你从所学专业出发，思考如何探寻创新点。

三、感悟人格之美

人格美是美的一种，是美在人格上的综合体现，是人的光辉思想、高尚道德、情操等主体精神及其外化的感性显现，是通过人的言行在周围人们心目中形成的一种巨大的感召力以及自己内心信念的不断升华。人格美是人在自由创造中显示出来的人的智慧、才能、勇敢、诚实、坚毅等品德修养上美的总和。做一个求美的人，通过追求心灵美，感悟人格之美的魅力。

（一）善意的美

在人与人之间，流淌着一种最美妙的情感，那就是"善意"。这种情感是每个生命与生俱来的，所谓"人之初，性本善"。善意的展现并不需要多么宏大的故事背景或惊心动魄的剧情，相反，它存在于那些再日常不过的细节中，细微到常常为人所忽略。但在这些日常的善意中，才更能体现人格魅力。

南华大学核科学技术学院党委副书记马军在一次查宿舍时，听到有学生提到班上有名同学暑假里变得又瘦又黑。马军留了心，了解该同学家庭情况后，帮助他申请了国家助学金和国家助学贷款，还每月借给他 500 元生活费。后来，这名学生获得了国家奖学金，并顺利考上研究生。马军通过善意的举动，成就了该名同学，让我们感悟到"教育的本质就是爱"。而她本人也在 2021 年被中宣部和教育部联合授予"最美高校辅导员"荣誉称号。

南宋诗人杨万里说过："人之为善，百善而不足。"世界因有善良而美好，生命有生而得之的善意。一个呱呱落地的婴儿，从出生开始就接受来自世界的善意。清新的空气、温暖的阳光、父母轻柔的抚摩与怀抱……我们从出生开始就被世界温柔以待。在这个地球上，每一个生命都是相互关联的，是一个整体。当我们激活了自己的善意，善意就会像种子一样，从我们开始，传播开去。

（二）崇高的美

崇高是一种通过人生实践和审美活动，在真善美与假恶丑的对立冲突中，重建起来的具有肯定性价值内涵的审美形态。展开来说，崇高包含对生存理想的积极追求，即对完满的人格、完整的生存境界的追求，即从道德和理性上对人性和生存意义的弘扬。

屠呦呦研究员是中国中医科学院中药研究所优秀共产党员的杰出代表，历年来曾被评为"全国先进工作者""全国三八红旗手标兵"等称号。40 多年来，她全身心投入严重危害人类健康的世界性流行疾病疟疾的防治研究，默默耕耘、无私奉献，为人类健康事业作出了巨大贡献。

青蒿素作为一种治疗疟疾的药物，在全球特别是发展中国家挽救了数百万人的生命。为了保证患者用药安全，1972年屠呦呦及其他两位课题组的同志不顾安危亲自试服该提取物，证明了其安全性。2019年9月29日，中华人民共和国国家勋章和国家荣誉称号颁授仪式在北京人民大会堂隆重举行，中共中央总书记、国家主席、中央军委主席习近平授予屠呦呦"共和国勋章"。屠呦呦作为中医药科技创新的优秀代表，研究发现青蒿素，解决抗疟治疗失效难题，多年来致力于中医药研究实践，为人类健康事业作出巨大贡献。屠呦呦是我国培养的第一代药学家，她的研发对全人类的生命健康都产生了无比深远的影响。屠呦呦说，青蒿素是传统中医药送给世界人民的礼物，而几十年来，她和她的团队攻坚克难，从未停下探索的脚步，在中国传统医学和现代医学之间架起了一座桥梁，也为所有的科研人员打开了一扇走向世界的大门。

善意的美、崇高的美，让我们真实感悟人格之美的魅力。作为青年人，具备人格魅力，需要锤炼品德修为。习近平总书记强调："要锤炼品德，自觉树立和践行社会主义核心价值观，自觉用中华优秀传统文化、革命文化、社会主义先进文化培根铸魂、启智润心，加强道德修养，明辨是非曲直，增强自我定力，矢志追求更有高度、更有境界、更有品位的人生。"青年人格的培育必须着力锤炼品德修为，不断增强青年精神力量，提高青年道德素养，形成正确的人生观、世界观、价值观。

美的思考

作为新时代的青年，如何锤炼品德修为？

锤炼品德修为，青年必须有所作为。一个时代的品格就是青春的品格、青年的品格。在功利主义的诱惑下青年要始终保持高尚的道德情操，不被利益迷住双眼，不被消极情绪所传染，从自己做起、从小事做起，持之以恒地践行公共道德。然后用自身的高尚品格去感染和带动更多人凝聚在社会的道德磁场中，从而提升社会的整体道德。青年要有理性、正确的认识，不能人云亦云、盲目跟风；面对外部诱惑，要保持定力、严守规矩，用勤劳的双手和诚实的劳动创造美好生活，拒绝投机取巧、远离自作聪明。

课后审美实践1

美的延续：
在你的生命旅程中，有哪些美的品质感染你或启发你直到现在？请一一排列在以下清单中，并思考在自己将来的人生轨迹中如何延续这样的美。

清单

☆☆☆☆☆

☆☆☆☆☆

☆☆☆☆☆

☆☆☆☆☆

☆☆☆☆☆

☆☆☆☆☆

☆☆☆☆☆

详细描述

实践感想

课后审美实践2

制定属于自己的职业技能提升行动：
结合自己专业为自己定制一个工匠精神培育计划。

自我认识：（括号中填你最想从事的岗位）

所学专业	
本专业有哪些可以从事的岗位	

你最想从事什么岗位 ★★★★★	（　　　　　）岗位需要什么职业精神
	（　　　　　）岗位需要获得什么职业资格证书
	（　　　　　）岗位需要具备的职业能力

自我规划：（从专业能力和个人审美能力提升方面，完成目标计划）

时段	制定目标			完成度
大一	☐ _____ ☐ _____ ☐ _____	☐ _____ ☐ _____ ☐ _____	☐ _____ ☐ _____ ☐ _____	
大二	☐ _____ ☐ _____ ☐ _____	☐ _____ ☐ _____ ☐ _____	☐ _____ ☐ _____ ☐ _____	
大三	☐ _____ ☐ _____ ☐ _____	☐ _____ ☐ _____ ☐ _____	☐ _____ ☐ _____ ☐ _____	

拓展阅读 》

- 张保文《工匠精神》（图 5-11）
- （德）阿图尔·叔本华著，李润萍译《人生的智慧》
- （美）培根著，聂传炎译《爱有 8 种习惯》
- 楼庆西《极简中国古代建筑史》
- （德）阿图尔·叔本华著，韦启昌译《叔本华美学随笔》
- 王国维《一个人的书房》
- 李诫《营造法式》

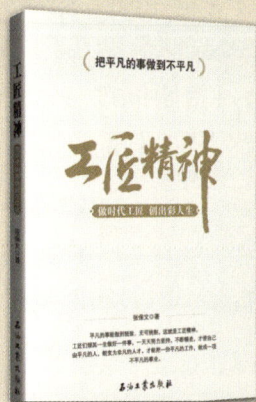

▷ 图 5-11 《工匠精神》书影

任务六

学会美的表达

课前关键词自查：

汉字起源、楷书四大家、

天下三大行书、诗歌韵律

课前审美探索

身边的书法古迹

请前往你所在地区的名胜古迹或旅游景点，欣赏其中大量的书法作品，选取一幅自己喜欢的作品，了解该作品的作者、书体并与大家分享。

Note

美是艺术的表现，艺术是美的载体。任何一门艺术都有其独特的美及表达方式，比如书画的意境美、雕刻的线条美、音乐的旋律美、建筑的宏伟美、诗词的大气美、戏剧的震撼美、山河的造物美……其实我们发现美在心中，是一种触动内心的真实感受，心中的美是自己发现美的根源。我们在发现美的过程中不断学会表达美、创造美，既体会美的内容，又感知美的形式。由于生活中我们所见到的美是真实的美、立体的美，有线条，有色泽，因此可以从不同的角度感知和把握，从而更主动、更鲜活、更积极地去学习相应的技能技巧，更好更多地去感受和表达。

一、汉字之美

汉字是迄今为止连续使用时间最长的文字，也是古文明各大文字体系中唯一传承至今的文字。鲁迅在《汉文学史纲要》中说："故其所含，遂具三美：意美以感心，一也；音美以感耳，二也；形美以感目，三也。"[1]意美可以感染我们的心灵，音美可以愉悦我们的耳朵，形美可以闪亮我们的眼睛。汉字的形体之美及其蕴含的审美意境，使其具有强烈的审美灵动性，成为一种被赋予动感的审美符号。

汉字是中华文化的基石，它既是中华文化流传和发展的载体，又凝聚了前人智慧的结晶，有着丰富的文化意蕴、独特的文化魅力和深厚的文化情结。汉字之美，美在形体、美在风骨、美在精髓、美在真情！

（一）汉字的演化过程

1. 甲骨文

甲骨文，是目前能够见到的最早的、成系统的文字，主要指中国商朝晚期王室用于占卜记事而在龟甲或兽骨上契刻的文字（图 6-1）。商代使用龟甲或兽骨进行占卜，然后把占卜的有关事情刻在甲骨上，作为档案材料由王

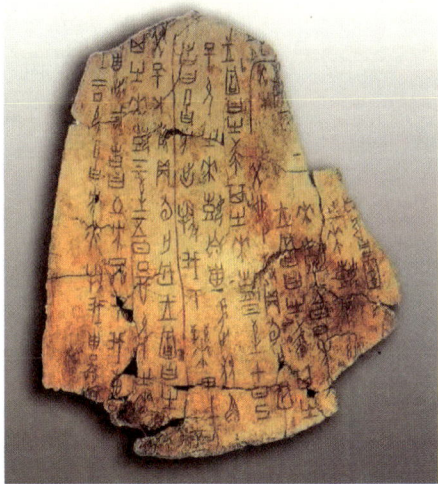

▷ 图 6-1　殷商甲骨文

---

① 鲁迅. 汉文学史纲要 [M]. 北京：人民文学出版社，1958：3.

室史官保存。因为这些文字刻在龟甲和兽骨上，人们称之为甲骨文。

2. 金文

与甲骨文同时的书体还有金文，金文指的是铸刻在青铜器上的铭文，也叫钟鼎文。在商周时期，一个人如果为国家建立了功勋，会获得大量的赏赐。立功的人常常要铸造青铜器，并铸刻上自己的功勋，以显耀于后世（图6-2、图6-3）。金文字体华丽，古朴厚重，内容涵盖祀典、赐命、诏书、征战、围猎、盟约等多个方面。这些文字流传到现在，成为书法艺术当之无愧的瑰宝。

▷ 图6-2　后母戊青铜方鼎及其腹内壁铸　▷ 图6-3　散氏盘
字体

3. 小篆（秦篆）

秦始皇统一六国后（公元前221年），推行"书同文，车同轨"、统一度量衡的制度。由丞相李斯等人，在秦国原来使用的大篆字体基础上，进行简化，创制了统一的汉字书写形式——小篆，也称秦篆。小篆的笔画首尾匀圆，结构对称，给人以刚柔并济、圆浑挺健的感觉，对汉字的规范化起到很大的作用（图6-4、图6-5）。

4. 隶书

隶书起源于秦代，通行于汉代，一般认为隶书由篆书发展而来，有秦隶（古隶）、汉隶（今隶）等。隶书字形多呈宽扁，左右伸展，横画长而竖画短，讲究"蚕头燕尾"，即左波右磔。汉字由篆书演变为隶书，叫作"隶变"。隶变是汉字演变历史上的一件大事，也是一个重要的转折点。隶变之后的汉字形体，基本就接近我们如今使用的汉字了（图6-6、图6-7）。

▷ 图6-4 秦《峄山碑》
（局部）

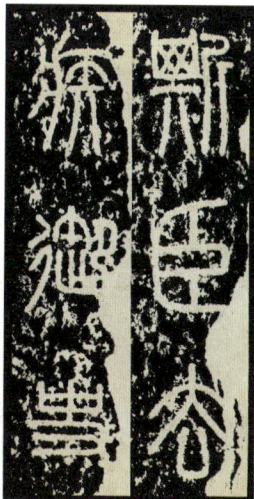

▷ 图6-5 秦《泰山刻石》
（局部）

▷ 图6-6 汉《曹全碑》
（局部）

▷ 图6-7 汉《礼器碑》
（局部）

5. 楷书

楷书也叫正楷、真书、正书，由隶书逐渐演变而来，但更趋简化横平竖直。楷书的产生，紧扣汉隶的规矩法度，而追求形体美的进一步发展，特点在于规矩整齐。楷书的发展有两个阶段，即南北朝魏碑和唐代楷书。

魏碑是我国南北朝时期北朝文字刻石的通称，以北魏时期为最精，大体可分为碑刻、墓志、造像题记和摩崖刻石四种，这一时期的书体呈现出一种承前启后、继往开来的过渡性书体，对后来的隋唐楷书字体的形成产生了巨大影响。魏碑风格多样，有的朴拙险峻，有的舒畅流丽。极有名的如《郑文公碑》《张猛龙碑》（图 6-8）、《李壁墓志》（图 6-9）、《张玄墓志》等，隋代有《苏慈墓志》（图 6-10）。魏碑上承汉隶传统，下启唐楷新风，为现代汉字的结体、笔法奠定了坚实的基础。

▷ 图 6-8　北魏《张猛龙碑》（局部）

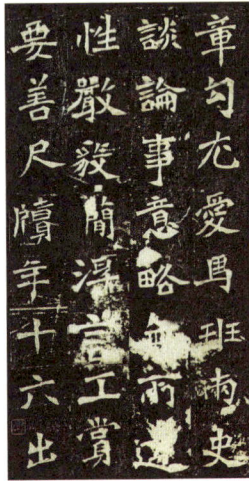

▷ 图 6-9　北魏《李壁墓志》（局部）

▷ 图 6-10　隋《苏慈墓志》（局部）

　　随着国家由分裂走向统一，唐朝国力空前强盛，文学艺术空前繁荣，社会文化发展进入了一个黄金时代。唐代的楷书，书体成熟，书家辈出，楷书的法度逐渐完备。唐代楷书集魏晋南北朝楷法为一体，形成了字体严肃端庄，笔画平稳凝重，结构严谨、法度森严的风貌（图 6-11 至图 6-13）。

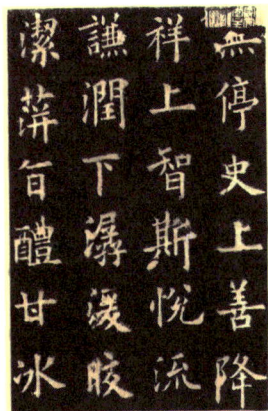

▷ 图 6-11　唐《九成宫醴泉铭》（局部）

▷ 图 6-12　唐《多宝塔碑》（局部）

▷ 图 6-13　唐《玄秘塔碑》（局部）

6. 行书、草书

行书是介于楷书与草书之间的一种书体，大约出现于东汉末年，又分为行楷和行草两种。它在楷书的基础上起源发展而来，是为了弥补楷书的书写速度太慢和草书的难于辨认而产生的书体（图 6-14）。"行"即"行走"的意思，因此它不像草书那样潦草，也不像楷书那样端正。实质上它是楷书的草化或草书的楷化，楷法多于草法的叫作"行楷"（图 6-15），草法多于楷法的叫作"行草"（图 6-16）。

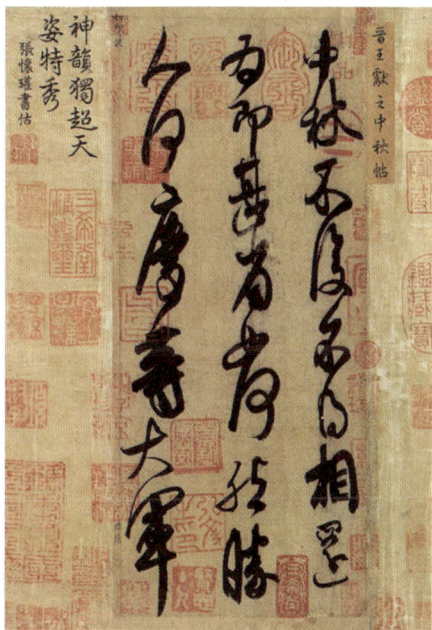

▷ 图 6-14　东晋王献之《中秋帖》（局部）

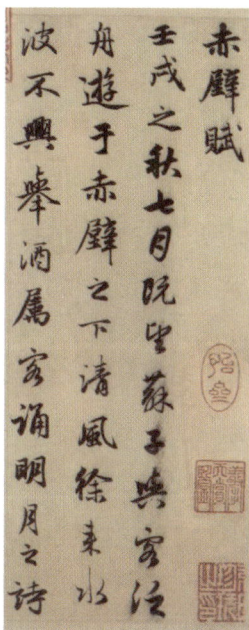

▷ 图 6-15　南宋赵孟頫《赤壁赋》（局部）

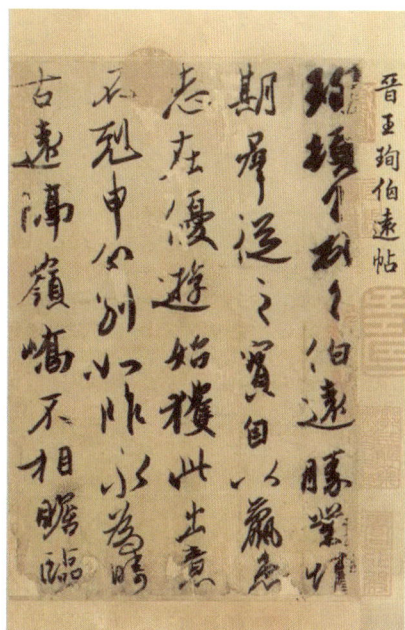

▷ 图 6-16　东晋王珣《伯远帖》（局部）

草书也是汉字的一种字体，始于汉初，本为方便书写，在隶书基础上演变出来。从草书的时间发展可将其分为早期草书、章草和今草三大阶段。早期草书，打破了隶书的方正规矩严谨，是一种草率的写法。章草是早期草书和汉隶相融的雅化草体，波挑鲜明，字字独立，字形扁方，笔带横势。今草是章草去尽波挑演变而成的，今草书体自魏晋后盛行不衰并且一直延续到现代（图 6-17）。

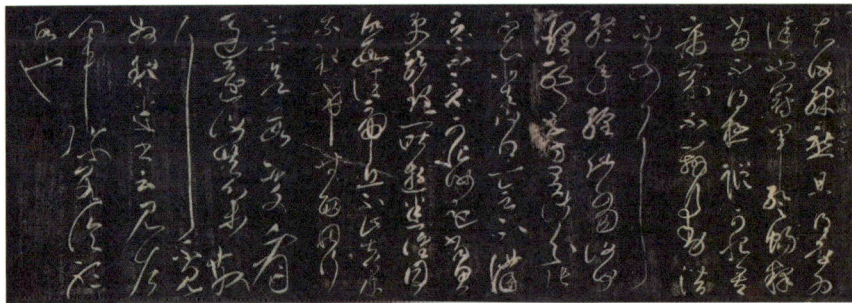

▷ 图 6-17 东汉张芝《冠军帖》

（二）汉字的音、形、意之美

1. 音韵之美

每一个汉字的"字音"都是由"声母"和"韵母"构成的，每个"字音"又有特定的声调，汉语的特点正是由声、韵、调三个要素体现出来的。汉语有"阴平、阳平、上声、去声"四个声调，本身就有音乐的美感，使汉字读起来高低起伏、错落有致、朗朗上口、铿锵有力，给人一种悦耳的享受。中国传统诗词歌赋中，通常在有些句子的末一字用韵母相同或相近的字，使音调和谐优美，这就是所谓的押韵。如《寄扬州韩绰判官》："青山隐隐水迢迢，秋尽江南草未凋。二十四桥明月夜，玉人何处教吹箫。""迢、凋、箫"都是韵脚字，这些押韵的句子连在一块，读起来音调和谐优美。

汉字字音之美还表现在谐音上面。在民间，以福为吉，所以每逢过年，一定会在大门上贴"福"字。有时人们故意将"福"字倒过来贴，取"福到了"的口彩。这里的"倒"便与"到"谐音（图 6-18）。

美的想象

仔细观察一下，我们在发"美"字读音时，脸是笑着的，所谓声入心通，其实声音可以到达心境，请你也来体会想象一下。

▷ 图 6-18 新春"倒福"

2. 形制之美

古人造字的方法中象形排在第一位。《说文解字》序中说："象形者，画成其物，随体诘诎，日、月是也。"早期的古文字在书写方面师法自然、据物绘形，具有强烈的象形性质，近于图画，表情达意，一目了然。但从甲骨文开始，汉字不管如何象形，或大或小，都是用一个方块形来作为基本框架，这种特征决定了几千年来汉字始终是方块字。横平竖直见风骨，撇捺飞扬显气韵。透过汉字的一横一竖，一撇一捺，在笔画之间我们可以感受到汉字的稳重端庄、平衡对称之美。经过几千年的发展，如今汉字也逐渐化繁为简，以最简单、平易、形象的艺术形态被全世界越来越多的人学习。如一木为木，二木为林，三木为森，形象生动。如"龙"字，在草书中就是一条张牙舞爪飞腾的巨龙形象，通过这个意境深远的字形，我们看到的是中国先民的精神崇拜和中国古老悠久的文化传承。

美的探索

中国的诗歌，讲究押韵与对仗。例如杜甫的《望岳》"岱宗夫如何？齐鲁青未了。造化钟神秀，阴阳割昏晓。荡胸生曾云，决眦入归鸟。会当凌绝顶，一览众山小。"这首诗的韵脚就是"了""晓""鸟""小"。请同学们推荐一位班上的同学来为大家朗诵这首古诗，感受每句诗末一字的韵律美。

小贴士

在 2008 年北京奥运会开幕式上，897 块活字印刷字盘变换出三种字体的"和"字，三种字体同为方块字，通过舞台完美诠释了汉字形态之美，向全世界观众传达了中国精神的精髓（图 6-19）。

▷ 图6-19　2008 年北京奥运会"文字"节目表演

3. 意蕴之美

汉字本身，蕴含了我们祖先对文化经验和信息的综合与处理，对事物直观的描摹，以及对很多抽象概念的感知理解。汉字里隐藏着中国人对自我、自然与天地万物的思考。汉字代表我们中国人的一种形象思维，即它抽象于万物，却又不失形象。汉字就像一幅画，生动地表现了文字的意蕴内涵。比如"看"的概念，可以用"观、视、望、瞰、瞧、瞅、瞄、瞥、觑、窥"等来描述。我们只有"咬文嚼字""遣词炼句"，才能体会其中的奥妙所在。再如一个"雨"字，虽然历经了几千年的字体演化，但到今天我们依然能感受到"雨"字上端一横仿佛表示天空，下端四点表示雨点的含义。

汉字与中国古典文学作品、历史典故联系在一起，并在文人墨客的笔下，连句成行，便具有了意境之美。一首首流传千古的名句，一个个引人入胜的故事，无不给予汉字以灵魂与血肉。比如唐代刘长卿的《逢雪宿芙蓉山主人》："日暮苍山远，天寒白屋贫。柴门闻犬吠，风雪夜归人。"唐代柳宗元的《江雪》："千山鸟飞绝，万径人踪灭。孤舟蓑笠翁，独钓寒江雪。"等等，以精粹、凝练的语言，展现出诗中有画、画中有诗的情景及意境。

2008 年北京奥运会会徽（图 6-20），主体图形是近似椭圆形的中国传统印章，由两部分组成。上面刻着运动员在向前奔跑的姿态，又像现代汉字"文"的字形，取意人文奥运。下方是用毛笔书写的"Beijing 2008"和奥运五环的标志，采用红色作为主体颜色，将奥林匹克精神与中国传统文化完美结合起来。

▷ 图 6-20　2008 年北京奥运会会徽

二、书法之美

书法是中国的国粹，博大精深，源远流长，是东方艺术的代表。从古到今，世界上数千种文字仅止于记事传言，虽有写得美观、带有艺术意味的文字，但是只有汉字的书写上升为一门高雅的艺术，产生了别具一格的形式意味和笔法体系，以及严格的技艺规范和品评标准，从这种审美意味所表现出的道德精神，是书法艺术的精神构成，也使书法艺术成为世界艺术史上的瑰宝。

（一）书法的文化属性

1.书法促进人的文化积累

文化知识，是欣赏和创作书法的基础。在一部优秀的书法作品之中，文化为其基本元素之一，诗词歌赋、名言警句都是书法创作的素材，天天读写，不仅帮助我们记忆，还可以让我们理解其中的意义和哲理；被奉为经典的书法作品，不仅字写得好，而且内容也好，可以教育人，激励人，让人增加知识、明白事理。自古至今，其实任何一幅书法艺术作品都具备文化属性，以著名书法家王羲之、颜真卿、苏轼等人为例，他们不仅是书法家，更是学者或文学家。书法的传承和发展，必须以文化作为基础，才能够实现境界的提升，书法与文化素养之间也具有密切的关联性。下面让我们一起来欣赏"天下三大行书"。

东晋穆帝永和九年（353），王羲之与谢安、孙绰等四十一人，在会稽山阴（今浙江绍兴）兰亭举行宴会，会上各人创作诗文，王羲之为此次集会作序文并当场写下《兰亭集序》，《兰亭集序》被誉为"天下第一行书"，其文字字玑珠，文采飞扬，是一篇脍炙人口的优美散文，书法飘逸灵动、前后呼应、左右顾盼，大小错落有致。充分体现了心到、笔到、意到、情到，千百年来家喻户晓（图6-21）。

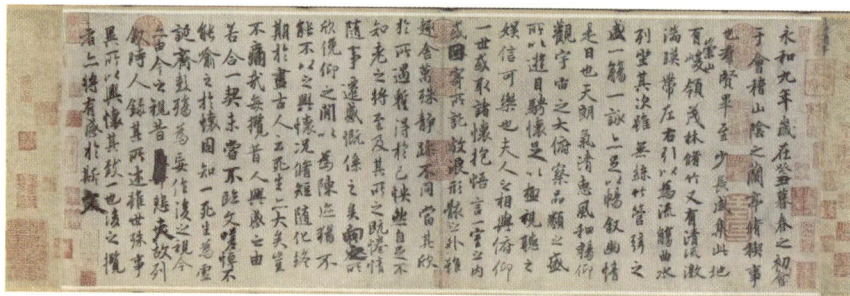

▷ 图6-21　东晋王羲之《兰亭集序》

《祭侄文稿》是唐代书法家颜真卿于唐乾元元年（758）创作的行书纸本书法作品，是颜真卿追祭从侄颜季明的草稿。这篇文稿追叙了常山太守颜杲卿父子一门在安禄山叛乱时，挺身而出，坚决抵抗，以致"父陷子死，巢倾卵覆"取义成仁之事。通篇用笔之间情如潮涌，书法气势磅礴，纵笔豪放，一气呵成，被誉为"天下第二行书"（图6-22）。

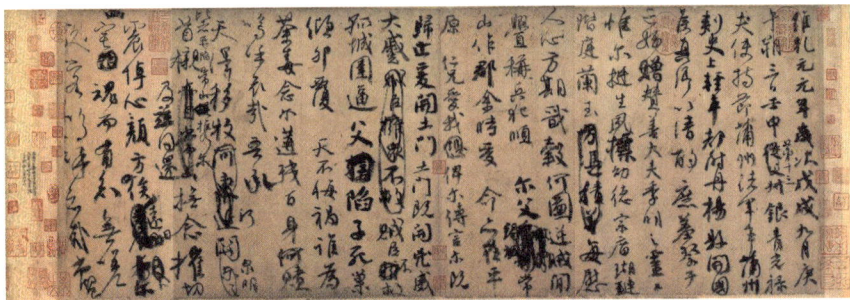

▷ 图6-22　唐颜真卿《祭侄文稿》

宋元丰三年（1080）二月，苏轼因"乌台诗案"受新党排斥，贬谪为黄州（今湖北黄冈）团练副使，在精神上感到寂寞，郁郁不得志，穷愁潦倒。第三年四月，即宋神宗元丰五年（1082）苏轼作两首寒食诗并书写，后世称之为《寒食帖》，这也是苏轼行书的代表作之一。诗歌苍凉多情，表达了苏轼此时惆怅孤独的心情。此诗的书法也正是在这种心情和境况下，有感而作的。作品通篇起伏跌宕，气势奔放，痛快淋漓，被誉为"天下第三行书"（图6-23）。

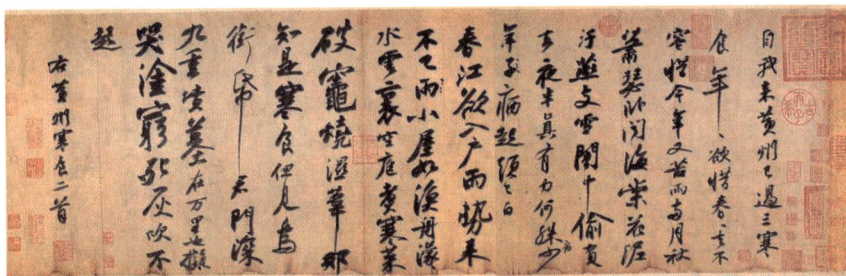

▷ 图6-23　北宋苏轼《黄州寒食诗帖》

2. 书法提升人的胸怀气质

苏轼在《和董传留别》中曾说："粗缯大布裹生涯，腹有诗书气自华"。书法作为一种审美艺术，创作出来的作品在给人以美感的同时，也体现了作者的思想品德和情操修养，并赋予作品一种健康向上的精神活力。书法的内容对书写者、观赏者是一种教育、诱导和提升；书法的形式美对书写者则是一种自娱和升华。古人说，字如其人。从王羲之的作品中我们可以感受到的是他的洒脱与豪逸之气，从颜真卿的书法中，我们感受到的是他的忠厚与大气，从苏轼的书法作品中我们感受到的是豁达与开朗。而书法中所说的"颜筋柳骨"，是指颜真卿和柳公权二人的风格像筋、骨那样挺劲有力而又有所差异。颜真卿为人正直、忠烈，他的书法与唐王朝开拓、奋发的气魄与壮美的时代风格相一致（图6-24）。柳公权坚贞如一、正气凛然的家国情怀，造就了他骨力劲健、凝练如石的书法风格（图6-25）。

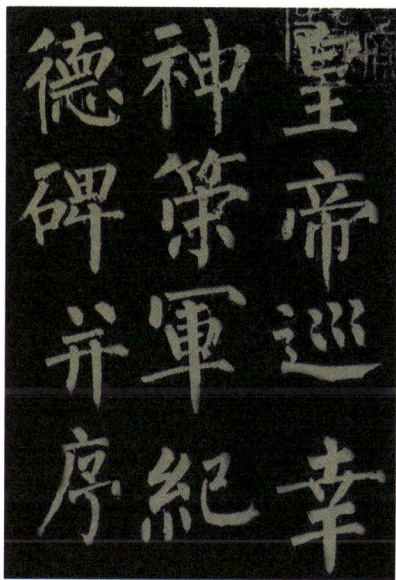

▷ 图6-24 唐柳公权《神策军碑》(局部)

▷ 图6-25 唐颜真卿《大唐中兴颂》(局部)

3. 书法提高人的审美能力

汉字结体千姿百态，书法之美不可名状，有的飘逸沉郁、有的雄强豪放，看去如睹山河壮丽，令人心旷神怡。汉字因书法而有无限生动的形式之美，书法因汉字而有无比丰富的内涵之美。

中国书法的美是线的美、力的美、光的美和表现个性的美。篆书有极高的对称性和装饰性，让人感受到温文尔雅的中和美；隶书横向取势，左右开张，典雅端庄，潇洒飘逸，表现出优雅谦和之美；楷书以形体方正，可作楷模而得名，具有端庄严整之美；行书灵秀飘逸，笔势相连，充满飘逸洒脱之美；草书或轻如蝉翼，或重若崩云，或疾风暴雨，或涓涓细流，具有灵动多变的和谐之美。

2008 年北京奥运会体育图标，将中国具有 5 000 多年历史的印章和书法等艺术形式与体育运动特征结合，并与奥运会徽"中国印"的设计理念一脉相承。体现了"篆书之美"的代表 35 个项目的图标出现在北京奥运会场馆、道路指示牌等多个地方（图6-26）。

▷ 图6-26　2008 年北京奥运会体育图标

（二）书法的欣赏维度

1. 线条之美

书法艺术被称为是线条的艺术，线条作为独立价值的审美元素，存在于不同书体结构中，书法中的点画、结构、章法都是通过书法优美的线条表现出来的。我们欣赏书法的线条美，一是要感受书法线条的力量美。书圣王羲之功力深厚，笔力强劲，其字迹有"入木三分"的美誉。书法线条的力量体现书法的生命本质，是书法欣赏的基础。书法的力度使线条具有弹性力量，看上去精神饱满。力量美强调字具有硬度、分量、质感、骨力及神韵，表现出阳刚、劲健之美。二是要欣赏书法线条的形质美。书法线条的质量是书法中的生命线，只有高质量的书法用笔、高质量的线条，才能产生高质量的作品。三是要感受书法线条的节奏感。中国书法呈现出很多的风格，不同的风格有不同的节奏特征，欣赏书法的节奏感，可以从每一个笔画看到书写者的动作，书写者的情绪，书写动作中的提按、轻重、缓急、顿挫，用墨的枯润、浓淡等。如颜真卿《自书告身帖》(图6-27)，其书法线条苍劲老到，点画圆挺，提、按、转、折交代分明，线条对比强烈，有大小、粗细、圆转、顿挫之分，使结体雄伟宽博，因势生形，劲峻秀润，自然多姿，已达到炉火纯青的艺术境界。

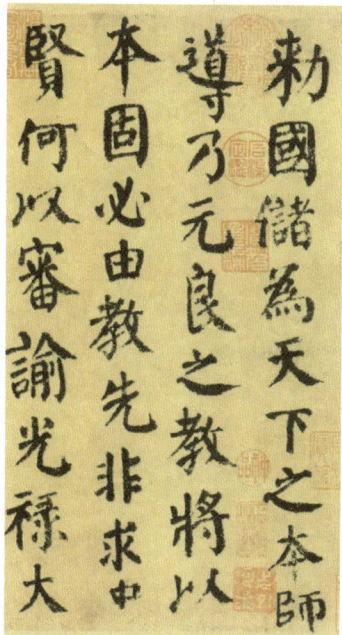

▷ 图6-27 唐颜真卿《自书告身帖》（局部）

美的思考

请同学们思考一下，在书写过程中自己情绪的变化对书写会产生怎样的影响？

2. 结构之美

中国特有的方块汉字，决定了汉字造型上有着强烈的空间结构感。这也决定了书法的美感，不仅建立在美的线条之上，还有赖于美的空间结构。就像盖房子，无论基本材料质量多精良，但如果没有很好的空间架构，房屋也不可能具有美感。所以，欣赏中国书法的美，除了学会欣赏其基本的线条美之外，还要学会欣赏其空间结构美。正如蔡邕《九势》中所说："凡落笔结字，上皆覆下，下以承上，使其形势递相映带，无使势背。"就是说书法的点画之内，字里行间，要有互相映带、脉络贯通的气势，方能产生艺术的感染力，让人欣赏到作者的"笔墨情趣"。换言之，凡是好的书法其造型，都讲究结构匀称、疏密有致，多样统一。使上下之间不依轻依重，左右之间不偏不倚，和谐统一。如王羲之《兰亭集序》中正文共出现20个"之"字，却无一雷同，神态各异，气韵生动（图6-28）。

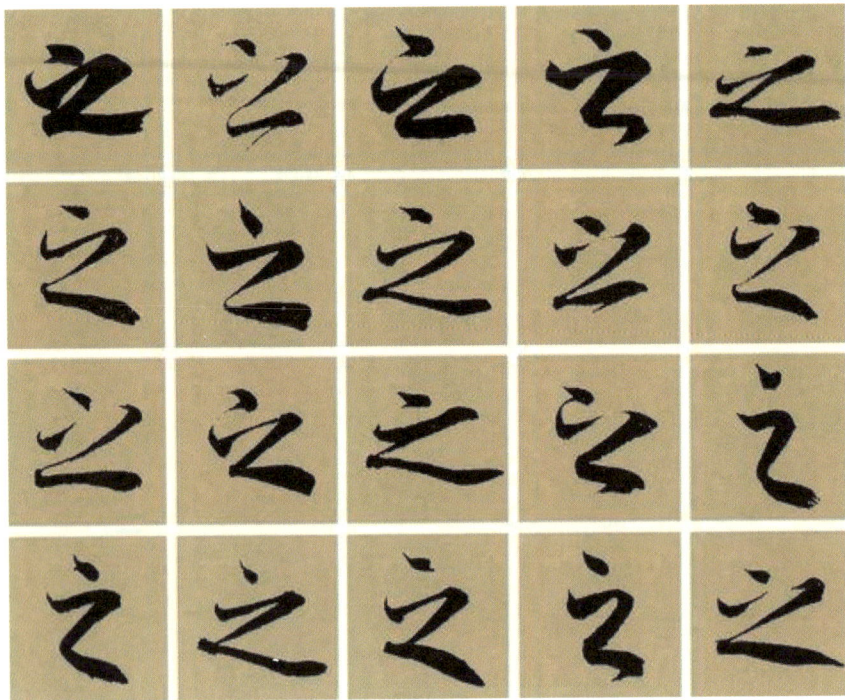

▷ 图6-28 《兰亭集序》中出现的20个"之"字

3. 章法之美

章法指的是书法的谋篇布局，书法以汉字为载体，通过汉字的排列组合，形成一个黑与白的世界。章法中最直接的就是字与字的、行与行的排列组合，合理的布白会给作品增添可观性和艺术性。一幅优秀的书法作品，一定要体现出整体形象的布局之美，也就是章法之美，它有驾驭整体、统揽全局的作用。

那么，怎样的章法才能体现书法的美感呢？首先，字与字之间要有宾有主。欣赏一幅字，章法上必先立主字以统率全篇，字行之间主宾分明、互相照应、错落有致。其次，在章法上要虚实处理得当。书法是运用黑白两色来表现艺术空间的，黑则实、白则虚。书法作品要虚实相映，实中有虚，虚中有实。如明代董其昌的行书白多黑少，以虚见实，其作品疏朗雅韵，空灵神旷（图6-29）；王铎的草书黑多白少，实中见虚，其作品点线缠绕、变幻多端、纵横交错，具有浓烈的密实酣畅之感（图6-30）。再次，章法美的一个重要内容，是要体现书法的气脉。任何一种书体，都要有一种连绵不断的气脉通贯其间，从而体现气韵与神采。我们常说的"笔断意连"实际上就是一种气脉的连贯，使字与字相互连缀形成整体气势。是行气贯通，而不是一笔写成一篇字。一幅书法作品必须是一气呵成，笔笔相拥，不可间断。否则，会断了气脉而失去整体气势之美。最后，章法美的表现形式有"纵有行，横有列""纵有行，横无列"以及"纵无行，横无列"三种。"纵有行，横有列"适用于小篆、隶书和楷书，具有排列整齐、和谐均匀之美。"纵有行，横无列"适用于行书和小楷，较自由连贯，活泼而不失规矩。"纵无行，横无列"适合于大篆和草书，有奔放随意之美，能够充分发挥个性而不失法度。另外，书法章法中的题款及印章与作品遥相呼应，能起到画龙点睛和锦上添花的作用。

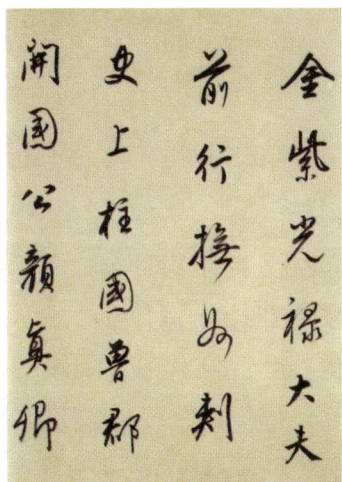

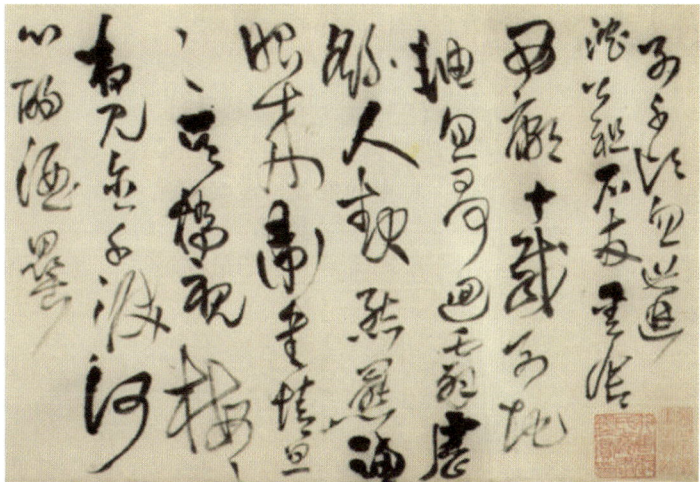

▷ 图6-29　明董其昌《大唐中兴颂》（局部）　▷ 图6-30　明王铎《赠沈石友卷》（局部）

4. 墨法之美

书法中的墨法是指用墨的技法，运用此技法的目的是使书法作品中的线条出现墨色深浅、浓淡、枯润等墨色变化而营造出书法的墨色之美。

墨分五色，即浓、淡、干、湿、焦。在墨法中，浓墨的运用富于力度，具有庄重之美。淡墨有一种空灵的禅意，具有淡雅之美。枯墨能体现沉着痛快的气势，具有苍劲之美。而润墨适宜于表现外柔内刚，具有丰腴圆满之美。如果在一幅书法作品中同时出现枯湿浓淡的变化，可以增强作品的韵律美。宋代米芾作品的墨色浓淡变化丰富，精彩动人，体现了行气贯通、意韵高古的精神风貌。笔势愈强，线条愈苍劲有力，墨色层次愈是丰富多变，这是由笔势所造成的一种形式美。当蘸上一笔墨后，能够连续书写数字而保持笔锋不散，笔力不败，墨色愈干愈淡，层次也因此更加丰富，这种"一笔书"形成了墨色变化的自然和谐之美。米芾的《虹县诗帖》就把这一技巧发挥到了极致（图6-31）。

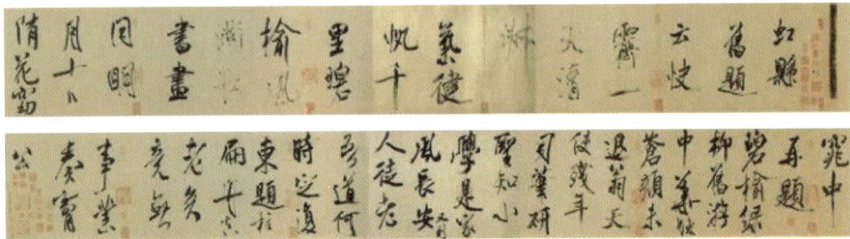

▷ 图6-31　宋米芾《虹县诗帖》

（三）书法的道德精神

1. 中和唯美，虚实相生

中和美是书法的最高境界，也对我们的为人处世有深刻影响。笔法上要"藏露互见，方圆并备"，做人则要张弛有度、不激不厉；结字上讲求"重心平稳"，做人上要求老成持重，不要轻浮。书法还讲究有虚有实，虚实相生。笔画是实，空白是虚，计白当黑，是书法美的需要。清代邓石如曾说："字画疏处可以走马，密处不使透风，常计白以当黑，奇趣乃出。"这句话意在说明蘸墨挥毫书写时，必须同等重视字里行间虚白之处的价值，从而精心构造笔画与留白的相对位置，使得黑白相互映衬，达到浑然一体的效果（图6-32）。而书法中的"留白"也对我们人生的思考有启示价值。

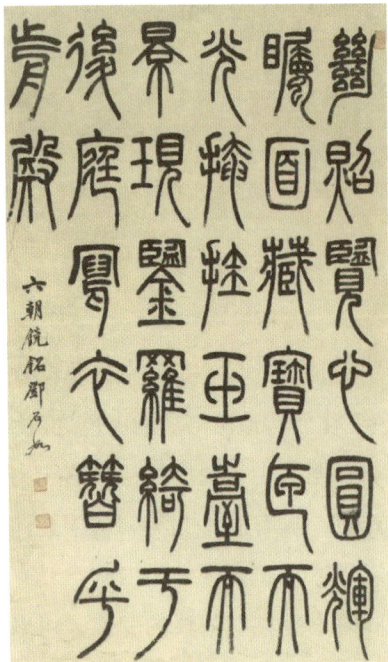

▷ 图6-32　清邓石如篆书《六朝镜铭》

2. 主次分明，藏露合度

书法有主笔、副笔之分，写字要突出主笔，主笔写好了，字就好看了。同理，我们在工作、学习中，也要学会抓主要矛盾，学习知识有先后、难易之分，不应不分轻重，眉毛胡子一把抓。书法还讲究有藏有露，有收有放。而《老子》中说："将欲夺之，必固与之"。书法中的藏与露都是相辅相成的，既要制造矛盾，又要解决矛盾，统一而又协调，好的作品就不会单一，不会显得笔笔藏锋或笔笔露锋。做人也是相同，有藏有露、光明磊落、干净利落。生活的艺术往往像太极拳，欲进先退，欲放先收，欲露先藏。王羲之的笔法不激不厉，收放自由，较少出现外露锋芒。比较有名的《快雪时晴帖》从起笔到运笔再到收笔，笔画提按得当，转折之处交代得很清楚，书法整体给人一种圆润流畅、藏露合度之感，被誉为"二十八骊珠"（图6-33）。

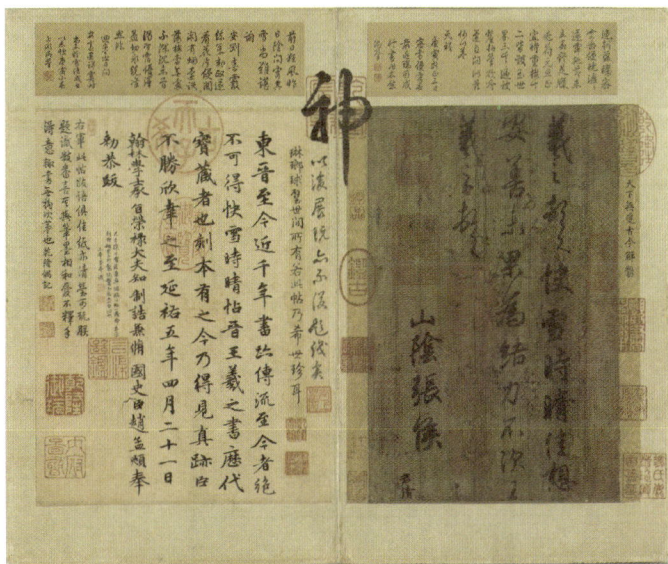

▷ 图6-33　东晋王羲之《快雪时晴帖》（局部）

3. 气韵优美，本色平淡

我国书法艺术历来注重字的气质、神韵，因为在这之中能够寄托和表达作者的思想感情。人们常常说"字如其人。"所以一个人的人品总是体现在作品之中，书法作品表现着书法家的性格，它包含着民族传统和时代精神，也包含着作者的个性和情操。欧阳修对唐代颜真卿推崇备至，认为他达到了人书合一的境界，写道"颜公忠义之节，皎如日月，其为人尊严刚劲，象其笔画"。颜真卿性情耿直，刚正不阿，虽多次被贬，但丝毫不减其忠君报国之心。唐兴元元年（784），七十多岁高龄的颜真卿被派遣晓谕叛将李希烈。明知凶多吉少，但颜真卿凛然拒敌，视死如归，最终被缢死。听闻颜真卿遇害，三军将士纷纷痛哭失声。晚唐与颜真卿齐名的柳公权，为人刚正，敢于直言，在回答唐穆宗关于笔法的提问时，他说："用笔在心，心正则笔正。"柳公权一方面从书法的角度说明心中端正，用笔就会端正；另一方面暗示穆宗，心存正气，朝政之事就会公平端正。因此，柳公权的书法也有种正气凛然的精神气质。

美的探索

请查阅一位自己喜欢的书法家学习书法的故事。

三、文学之美

文学，是一种用口语或文字作为媒介，表达客观世界和主观认识的方式和手段。当文字不单用来记录事实，而被赋予其他思想和情感，并具有了艺术之美，才可称为文学艺术，属于语言艺术的范畴。诗歌、散文、小说、剧本、寓言等不同文学体裁，是文学的重要表现形式。

中国文学又分为古典文学、现代文学与当代文学。先秦文学是中国古代文学发生发展的最早阶段，有以《山海经》为代表的上古神话（图6-34）。

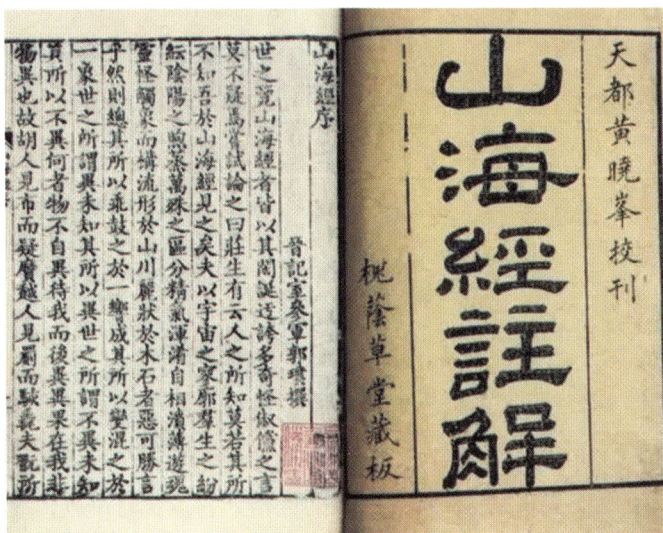

▷ 图6-34 《山海经》书影

另外有以《诗经》《楚辞》为代表的诗歌文学作品，以先秦儒家、道家思想为代表的《论语》《孟子》《道德经》《庄子》等文学作品。

自二十世纪末期开始，具有独立思想的中国自由文学的出现，使得中国文学大踏步进入世界先进文化行列，成为引领世界文学的先锋，并使中国当代文学达到历史的顶峰。

文学之美以文学艺术为对象，从审美关系出发，研究美、丑、崇高等审美范畴和人的审美意识、美感经验，以及美的创造、发展及其规律。文学作品不同于其他艺术，音乐是凭借听觉感受美，雕塑是凭借视觉感受美，当然感受不同艺术的美同样需要经过各种艺术欣赏的思维训练。

（一）文学的审美特征

1. 语言之美

文学作品离不开语言，因此文学之美首先表现出来的是"语言美"。这是一般意义上的"形式美"，这不是文学的特殊性所在，却是文学创作的共同追求。这种"美"的追求经过长久的发展，形成各种约定俗成的文体。如散文或云淡风轻、清丽淡雅，或骈句华丽、气势恢宏均能让读者感受到语言美的享受；诗歌在字数、音调、韵律上要求严格从而达到朗读形式上的美。

如刘禹锡《酬乐天扬州初逢席上见赠》的后两句"沉舟侧畔千帆过，病树前头万木春"，它的声调是平平仄仄平平仄，仄仄平平仄仄平。这两句诗平仄相对，读起来朗朗上口，音律和谐且抑扬顿挫，节奏感非常强。除此之外，这两句诗在对仗上也处理得非常好，"沉舟"对"病树"，"侧畔"对"前头"，"千帆过"对"万木春"，词性和内容都是恰到好处，读起来给人以美的享受，让人们在婉转动听的声调之中，感受中华传统文化的博大精深。

2. 内容之美

无论是情节的跌宕起伏还是人物性格的丰富刻画，错综复杂或荒诞怪异的内容都吸引着读者。好的文学作品，内容是价值之根，没有优秀内容的依托，文学美是不存在的。

首先，内容美表现在描写美景、美物上。最能吸引人的眼光的，最能安人心神的，最能激发无穷遐想的，是那些美丽之景和奇妙之物，如日月星辰、山川河流、云霞雨雪、森林草原、花鸟鱼虫……为什么大自然能成为审美的对象呢？因为它是人类的最早的故乡，是人类嬉乐之园、安魂之乡，与人类生活息息相关。也就是说，人类对自然的欣赏，实际上是对自身的某种精神、理念的欣赏，例如周敦颐《爱莲说》写对"出淤泥而不染"的莲花的欣赏，也正表达了对高洁正直君子人格的欣赏。

其次，内容美表现在描写美好品德上。与上述外在的自然美有所不同，美好品德是人类内在的精神世界的美景，如勤劳、善良、热情、坚韧、坦诚等，以及志存高远、坚韧不拔、自强不息、讲信修睦、乐善好施、亲仁善邻、舍生取义等品行表现，都成为作家、诗人所表现和讴歌的内容。其实这种种美好的品德表现，都可归到善的范畴。不过细分起来，人性的美和善是不一样，这里的不一样主要指所观察的角度有所不同，人性美侧重于审美评价，是以形象呈现的，是诉诸主观感情的；而人性善则不需要形象化和情感化，如果趋同于形象化和情感化，就与人性美趋于一致了。

第三，内容美表现在抒写美好、优雅的情怀上。写本来就美好的事物或人物，固然能体现美，但其实只要能抒发美好的意志、优雅的情怀，同样能赋予作品以美的灵魂和形态。当然，如果既能描写美好的事物，又能抒发优雅的情怀，更能创造出文学的美来。

3. 形式之美

文学作品的形式总是为内容服务的，形式美可以表现在意象的创造上。意象可以是内容的，也可以是形式的，就其蕴含诗意的情思来说是内容的，就其外观呈现来说是形式的。因此，形象化或意象化可以理解为文学最重要的呈现形式之一。

古汉语之美不单单在于它的简易灵活，更重要的是其句式和音律相结合所带来的文学之美。如杜牧的名篇《阿房宫赋》，文中第二段"明星荧荧，开妆镜也；绿云扰扰，梳晓鬟也；渭流涨腻，弃脂水也；烟斜雾横，焚椒兰也。雷霆乍惊，宫车过也；辘辘远听，杳不知其所之也。"

整段的句式都巧妙运用对偶，"明星"对"绿云"，"荧荧"对"扰扰"，"开妆镜"对"梳晓鬟"，另外几个分号之间的分句又运用了排比，句式非常工整。再从音律的角度来看，"荧""镜""惊""听"，音律也非常和谐。总之。古汉语将音律和形式完美结合，让古汉语的语言产生了质的飞跃，造就了古汉语文字美的巅峰时期。

4. 风格之美

文学风格是作家诗人创造的个性标志，对风格美的欣赏是对作家作品欣赏的重要内容。风格美并不指风格优美的单一倾向，还应包括多种多样的倾向，如豪壮之美、静穆之美、悲壮之美、哀婉之美、谐趣之美、清新之美、朴素之美……同样作品的文学风格之美通常不是单一的，而是复杂多样的，互有交融，难以截然拆分。风格，本来就富含审美的要素，"风格"与"美"紧密关联，对风格的类型和特点的辨析与认定，其实就是欣赏风格美。当然还有更进一步的要求，就是品评风格美的表现效果，即给人的审美感受。例如我们品读"大漠孤烟直，长河落日圆。"一句，先认定诗句具有苍凉沉郁、宏大壮美的风格，指出其审美特点；再进一步分析，读了这样的诗句，脑海中产生了画面，心中回荡着声响，加上响亮的节奏、工整的对仗，给人以优美感、振奋感。

中国古代语言美学观的内在构成和风格来看，可以有儒家、道家、禅宗、诗家等多个派别风格。首先是儒家的"文质彬彬"。儒家所追求的理想人格是"君子"，孔子对何谓君子曾从各个方面做过许多界定，其中一条是："质胜文则野，文胜质则史。文质彬彬，然后君子。"（《论语·雍也》）。孔子认为最符合君子要求的人，不仅要自觉地按照仁、义、礼、智、信的规则做事，即使在言辞上也要显出"文采"，即说出的话要顺理成章并具有感染力。正是孔子的这种"文质并重"的思想构成了儒家诗学观念和语言美学观念的理论基础。

其次是道家的"言不尽意"。道家的语言风格与儒家正好相反。道家认为现有的语言是有限的，而道家追求的"道"则是无限的，因此，只是使用现有的语言是无法界定和传达"道"的。在道家看来，那无始无终、无名无状的"道"，一旦归入语言划定的概念，就成为有限的了。所以，老子的《道德经》开篇即言："道可道，非常道；名可名，非常名。"(《道德经·第一章》)。庄子认为："狗不以善吠为良，人不以善言为贤"（《庄子·徐无鬼》），因而表达"道"不能靠"美言"，而是要靠所谓的"寓言""重言""卮言"。所以，我们可以看到，庄子论道很少使用抽象的语言直截了当地说出，而是使用一些含糊的词语，或者借用一些故事和具体的形象来隐喻他的思想和观点。因此形成了庄子文章最突出的特点，即通篇充满了丰富的想象和大量的寓言故事。

第三种风格是禅宗的"不立文字"。禅宗创始人相传为菩提达摩，至五祖弘忍下分为南宗惠能，北宗神秀，时称"南能北秀"。禅宗因主张修习禅定而得名，旨在明心见性、顿悟成佛。这大概就是大多数禅师们守持的"不立文字"信条的意义所在。比如，"僧问：'如何是道？'师曰：'山上有鲤鱼，海底有蓬尘。'"（《五灯会元》卷二）。又"问：'如何是西来意？'师曰：'白猿抱子来青嶂，蜂蝶衔花绿蕊间'"（《五灯会元》卷二）。这些对话不仅对仗工整，还创造了很优美的意象，可谓意境深远，韵味无穷。

还有诗家的"语不惊人死不休"。"诗家"这个词经常出现在中国古代那些在诗歌创作方面公认的有所创新、有所成就的诗人们的口中，宋代诗人王安石便有"诗家语"的说法（《诗人玉屑》卷六），清代诗人赵翼也说"国家不幸诗家幸，赋到沧桑句便工。"（《题遗山诗》）。这些诗人在思想倾向上自然有所偏重，在创作风格上也各有千秋（或豪放、或婉约），但有一点是共同的，这就是对诗歌语言的刻意求工和执着追求。被称为"诗圣"的杜甫曾在诗中有这样的句子："为人性僻耽佳句，语不惊人死不休。"（《江上值水如海势聊短述》）。诗家欲要创造出"惊人之句"，就要在选词炼句方面下最大的功夫。

因而也在这方面积累了更多的实践经验，进行了更深入的理论探讨。陆机的《文赋》以"会意尚巧""遣言贵妍"为文人骚客之能事，主张"立片言而居要，乃一篇之警策。虽众辞之有条，必待兹而效绩"。刘勰的《文心雕龙》（图 6-35）也提出"夫人之立言，因字而生句，积句而成章，积章而成篇。"

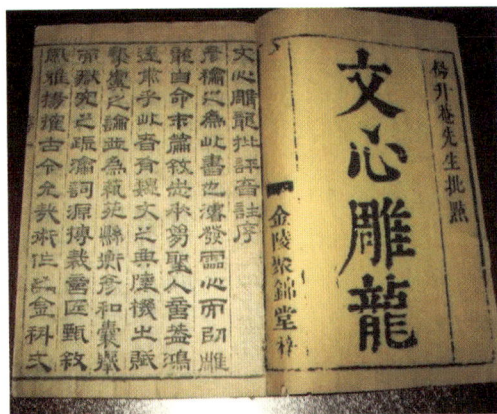

▷ 图 6-35　刘勰《文心雕龙》书影

案例 文学内容、形式之美

　　云南昆明滇池大观楼的长联堪称"古今天下第一联"。该联为清朝孙髯翁所作，共一百八十字。大观楼，在昆明西郊滇池之滨，今昆明大观楼公园内，园林初建于明代（图6-36）。大观楼初建于1690年，楼前悬挂孙髯翁长联，至1857年毁于兵燹。现存三层楼宇系1883年所建，长联是光绪十四年（1888）由云南书法家赵藩重书。此联久有"天下第一长联"之美誉。

　　上联是：

　　五百里滇池，奔来眼底。披襟岸帻，喜茫茫空阔无边！看：东骧神骏，西翥灵仪，北走蜿蜒，南翔缟素。高人韵士，何妨选胜登临，趁蟹屿螺洲，梳裹就风鬟雾鬓；更苹天苇地，点缀些翠羽丹霞。莫辜负：四围香稻，万顷晴沙，九夏芙蓉，三春杨柳。

　　下联是：

　　数千年往事，注到心头。把酒凌虚，叹滚滚英雄谁在？想：汉习楼船，唐标铁柱，宋挥玉斧，元跨革囊。伟烈丰功，费尽移山心力，尽珠帘画栋，卷不及暮雨朝云；便断碣残碑，都付与苍烟落照。只赢得：几杵疏钟，半江渔火，两行秋雁，一枕清霜。

▷ 图6-36　昆明大观楼

（二）文学的审美素质

1. 审美注意

读者进入品味文学美起始阶段的一种心理活动，表现为对文学美产生浓厚的兴趣，并凝神静气地予以关注。读者通常是根据自己的审美需求和作品的审美意蕴，追寻作品的审美趣味和审美价值。此时心理上的非功利性很重要，不带有与审美无关的欲求，如果功利性目的介入，审美注意便转为其他注意，如搜集某种信息、研究某个专题、考证某个人物或事件等。我们读杜甫《登高》一诗，一般都为诗中的豁达深远、视觉与听觉的强烈意境所吸引，沉浸在美好的联想、想象之中，获得对文学美的感悟，对人生的感叹，这就是文学作品的审美鉴赏过程。

审美注意产生的效果取决于注意力的单纯和集中，要排除各种杂念的干扰，一心一意地沉潜到作品的"底层"，只注意与美相关的东西。

案例　律诗之美

登　高

唐·杜甫

风急天高猿啸哀，渚清沙白鸟飞回。

无边落木萧萧下，不尽长江滚滚来。

万里悲秋常作客，百年多病独登台。

艰难苦恨繁霜鬓，潦倒新停浊酒杯。

杜甫的《登高》之所以被称为"古今七律之冠"，是因为这首诗在对仗与押韵上，远远超过了普通的七律，做到了句句对，甚至字字对。"风急天高猿啸哀，渚清沙白鸟飞还。""风"和"天"相对应，"渚"与"沙"相对应，第一句中的"猿啸"又与第二句的"鸟飞"相对，对仗之工整、精巧，世所罕见。同时其中表达的意思，也是自然连贯的。再看第二联"无边落木萧萧下，不尽长江滚滚来"，"无边"对"不尽"，"萧萧"对"滚滚"。后面第五、六句的"万里悲秋常作客"与"百年多病独登台"中的"万里"与"百年"，又与第三、四句的"无边""不尽"遥相呼应。从对仗的角度来考察杜甫这一首七律，不仅出句与入句相对，同一句中前后相对，颔联（第三、四句）与颈联（第五、六句）也相对。而普通的律诗，一般能做到出句与入句对仗即可。《登高》不仅在对仗上精当巧妙，而且在押韵上也下了功夫，读起来抑扬顿挫，富有音韵美。再加上意象开阔，情景交融。无论从格律上还是诗意上看，都是当之无愧的七律第一。

2. 审美想象

品味文学的审美想象，可细分为再造性审美想象和创造性审美想象。再造性审美想象，是受审美注意的引导，把过去的生活经验调动起来，在情感力的推动下，作品中的文学形象与记忆中的形象相融合，幻化出新的形象；创造性审美想象，是受情感力的推动，调动记忆储存，创造出全新的形象。我们读"竹外桃花三两枝，春江水暖鸭先知。"的诗句，在审美注意的引导下，会在脑海里产生一幅春江水暖的水墨画面，特别是竹林、桃花、鸭群嬉戏的画面形象更是层次分明，宛若诗在画中；而"两岸猿声啼不住，轻舟已过万重山。"则是创造性审美想象，这让整首诗的时间线拉长，读罢让人有身临其境之感，也呈现出一幅动态画面。

审美想象只关注想象事物中的美的表象和特征，情感力的推动尤其不可缺少。对文学形象的表象和特征的审美注意越集中，审美想象就越易于激发；投入的感情越多，审美想象的天地就越加宽阔。也就是说审美想象并不会由记忆自然生发，需要情感的推动，情感如同双翼，给审美想象以飞翔的动力。

3. 审美情趣

审美情趣是指人在欣赏和接受文学之美时产生的情调趣味。审美情趣标志着一个人具有健康的情感、优雅的气质、良好的智慧和审美的能力。作家诗人创作文学作品是创造和表达审美情趣，读者品味文学是感受审美情趣，并增添和更新其中的审美情趣。

读者之间的审美情趣的区别，一是有无，二是高下。审美情趣的有无，不仅体现一个人人格、性格的差异，而且决定着一个人能否识别、欣赏和接受文学之美；审美情趣的高下，决定着一个人愿意欣赏和接受什么样的文学作品，也决定着一个人能否欣赏和接收到积极健康的文学美。

经历了时间检验的名家名作，其中必有高深的思想哲理和丰富的审美情趣，如果读者一时读而生"厌"，只能说明读者暂时还没有接受深刻的丰富的真善美的能力，只要读者沉下心来，强化审美注意，激发审美情感，就必能在审美的天地里获得充分的享受。

4. 审美理想

是指读者从文学作品或文学形象中，区分出自己更为欣赏甚至是最为欣赏的对象，作为欣赏的一种审美定向，激发欣赏的情趣和追求目标的动力。

品味文学是个性化的事情，从这个意义上来说，欣赏的审美理想也是个人理想。但是作家诗人创作是一种社会活动，其作品是公共财富，品味文学又是一种与社会生活和社会精神的对话交流，所以个人的审美理想会不自觉地服从社会审美理想，或者说个人审美理想通常是集体审美意识的反映。

文学之美，美在"不可言说"。不同的人，读相同的诗，不一定能读出完全相同的感觉来。所以，文学最大的魅力，就在于它的不可言说，不可解释，给予读者最大的想象空间。因为解释了，就把它限定了，犹如砍断了读者想象力的翅膀。尤其是读语言简洁的诗，一定要读原诗，细细揣摩，仔细品味，尽量第一遍不要看白话译文和增加了种种导向的解释，因为只有这样，才能真正体会到文学之美，诗歌之美。

四、学会更美的表达

语言文字是人类社会最重要的交际工具和信息载体，是文化的基础要素和鲜明标志。语言是人类最重要的沟通交流工具，也是人类智慧和文明得以代代传承的载体。语言文字是文化的载体，文化是民族的灵魂和血脉，是一个民族赖以生存和发展的内在根基，习近平总书记在二十大报告中指出"增强文化自信，围绕举旗帜、聚民心、育新人、兴文化、展形象建设社会主义文化强国"。新时代挖掘、传承、弘扬和发展语言文字承载的中华优秀传统文化，促进中华优秀传统文化的创造性转化、创新性发展，助力文化强国建设和国家文化软实力的提升，需要更加充分发挥语言文字培根、强基、铸魂的作用。

（一）表达的文体

1. 诗词之美

传统的诗词是有韵律的文学作品。诗人通过想象与抒情来表达情感。诗是历史上最悠久的文学形式。中国是世界上诗歌最发达的国度之一。从中国最早的诗歌总集《诗经》，最早的长篇抒情诗《离骚》以来，汉代的乐府诗，唐宋格律诗，和唐末兴起的词、元曲以及五四以来的新诗、历代的民间歌谣，构成了中国诗歌无与伦比的优秀传统。

中华诗词的长河源远流长，尤以唐诗宋词达到顶峰。诗歌辞赋之美，始终是文学肥沃土壤中的一枝奇葩，魅力无穷。一首诗，就是一幅五颜六色的画；一首词，就是一支缠绵萦绕的曲；一首令，就是一支陶醉悠扬的歌。是中华民族文明史上的璀璨明珠，绽放着诱人的光芒，品味古诗词之美，可以提高同学们对文学之美的欣赏水平。

如李煜的《虞美人》，此词为诗人绝笔，是一曲生命的哀歌。诗人通过对自然永恒与人生无常的尖锐矛盾的对比，抒发了亡国后顿感生命落空的悲哀。全词语言明净、凝练、优美、清新，以问起，以答结，由问天、问人而到自问，通过凄楚中激越的音调和曲折回旋的艺术结构，使诗人充沛难掩的愁思贯穿始终，形成沁人心脾的美感效应。这种语音与韵味的变化，又切合着诗情的起伏，可谓声情与文情丝丝入扣，婉转谐美，给读者以独特的审美感受，让人回味无穷。

虞 美 人

南唐·李煜

春花秋月何时了？往事知多少！

小楼昨夜又东风，故国不堪回首月明中。

雕栏玉砌应犹在，只是朱颜改。

问君能有几多愁？恰似一江春水向东流。

我国古典诗词的优美意境，就像一幅幅淡雅的水墨画，这从很多古代诗人词家的作品里面都可以得到体现。王国维说："能写真景物、真感情者，谓之有境界，否则谓之无境界。"王维是唐代著名的田园山水派诗人，他的诗里充满了自然的生趣和田园的风光，每一首诗里面都隐藏着一幅山水画。《山居秋暝》中写道："空山新雨后，天气晚来秋。明月松间照，清泉石上流。"寥寥四句，就把秋天雨后的深山及山中的松树、泉水、石溪在月光下的景致刻画得栩栩如生、活灵活现，这正是活脱脱的一幅山水画，使人不得不佩服诗人的文字功夫和山水情怀。

总之，我国的古典诗词既体现了诗人的才情，又体现了人们对于真善美的追求。它是中华优秀传统文化的一部分，是同学们近距离接触、感受中华优秀传统文化的一个窗口。让每一位同学都能拥有一双发现美的眼睛，深切体会古诗的自然美、社会美和艺术美，提高古典诗词的鉴赏水平。

2. 散文之美

散文是最能给人以直观美感见情见性的文体。有的散文语言朴实无华而真挚感人，有的散文华丽典雅却洋溢着一种纯美的意境，还有的散文特别讲究语言的声韵、节律，追求一种可咏可诵的音乐美感等。古人所谓"言之无文，行而不远"，这里的"文"即指美的文采。

比如东晋杰出的诗人陶渊明，他是中国文学历史上田园诗派的创始者。其作品《桃花源记》中描写了一个美好的世界，里面的人充满纯真和善良。他们靠着自己的劳动来获得幸福，简简单单，没有钩心斗角。这个美好的"世界"体现了作者对于理想社会的追求，强调其理想境界的独特性。陶渊明向往与追求舒适平和的生活，尽管"桃花源"是个虚拟的世界，但是这个理想却是十分难得的，表现了陶渊明追求美好生活的理想和对当时现实生活的不满（图6-37）。

▷ 图6-37　仇英《桃源图卷》(局部)

　　散文的特点是随意自由，如日常闲话般率性真诚，自然流露。在表达人的细致复杂的内心情感上，散文是最好的抒情载体，它往往成为作者内心情感最自然最熨帖的寄托。虽然说情的真、痴、自然，应该是所有优秀文学艺术作品共有的品质，但散文中的"情"在所有文学艺术中却"最真""最痴""最自然"，在不同的文学样式中，散文特别是抒情散文与诗最接近。在这类散文中，作者往往将自己的情感寄寓于叙写的对象当中，借助写景叙事、随事兴感、因景写情，在感情的抒发中将人带入美的境界，使散文具有诗一般的情感美。

　　唤起读者审美情感并与之产生共鸣是散文作品中或浓郁或淡然或婉曲或直率的情感。因此，深入文本，发挥想象，换位思考，是实现解读散文情感美的有效途径。

案例　散文之美

　　《滕王阁序》是唐代文学家王勃创作的一篇骈文。滕王阁，位于江西省南昌市，始建于唐永徽四年（653），现存建筑为 1985 年重建景观（图 6-38）。《滕王阁序》是王勃即兴之作，全文表现了作者的抱负和怀才不遇的愤懑心情。全篇几乎通篇用典，显得工雅精巧，包含了 40 个成语：襟江带湖、三江五湖、物华天宝、人杰地灵、胜友如云、高朋满座、腾蛟起凤、躬逢其盛、飞阁流丹、桂殿兰宫、钟鸣鼎食、云销雨霁、水天一色、渔舟唱晚、衡阳雁断、逸兴遄飞、响遏行云、天高地迥、萍水相逢、时运不齐、命途多舛、冯唐易老、李广难封、达人知命、老当益壮、白首之心、穷且益坚、青云之志、涸辙之鲋、东隅已逝、桑榆非晚、失之东隅，收之桑榆、穷途之哭、一介书生、谢家宝树、好景不长、盛筵难再、临别赠言、登高能赋、潘江陆海、物换星移。

▷ 图6-38 滕王阁

3. 小说之美

小说是"人的艺术"，塑造有血有肉、生动感人的人物形象，是小说的核心所在。这些人物形象可以是某一真实人物的原型，也可以综合众多的人物形象，往往这些人物形象都具有鲜明的个性特征，展现的往往是一个时代的主题，因而具有强烈的艺术感染力。

优美的文学作品总能使人感到人物与环境的水乳交融，显示出和谐之美。小说中的环境之美，明晰且直观，自然而动人，稍加点染，便能表现出一派诗情画意。小说所写的内容可能是小题材，撷取的也只是生活中的一个小片段，但都是生活内容的高度浓缩。它集中反映生活的矛盾和冲突，这是作家在触及生活的本质后迸发出的绚丽的思想火花，并通过以小见大的手法来反映整个社会的主题。同学们感悟小说主题之美时，还应该结合主人公的性格，来分析作品中主人公与其他人物的关系，并且一定要结合创作时代背景与作者创作时的思想倾向，全面而深刻地感受主题之美。

4. 戏剧之美

戏剧是一种古老的文学形式，主要通过不同角色之间的对话来表达作者的思想感情，文学上的戏剧是指为戏剧表演所创作的剧本。戏剧离不开剧本，剧本是戏剧演出的基础。我国元代的杂剧是戏剧文学发展的高峰，是古代文学的重要组成部分。以关汉卿、白朴、郑光祖、马致远为代表的四位杂剧作家，代表了元代不同时期不同流派杂剧创作的主要成就。

与诗歌相比，剧本重在刻画人物性格，揭示人物内心，同时也可以具有诗的形式。与小说相比，剧本表现的是一件正在发生的事而不是叙述一件已经发生的事。另一个显著的外在不同是，剧本基本上没有叙述人的语言。也就是说，剧本作者不能像小说作者那样直接在作品中出现，而是由剧中人物来完成代言。

戏剧是一种综合了多种艺术成分而又独具特色的艺术。我们说它独具特色，是因为它把文学、绘画、雕塑、音乐、舞蹈等艺术成分有机地统一起来，而不是简单相加（图6-39）。

▷ 图6-39　京剧《贵妃醉酒》剧照

中国古代的戏剧家们习惯将戏剧结构比喻为裁缝制衣、工匠建屋，强调各部分应很好地搭配，使之成为一个有机的艺术整体。一般来说，戏剧的结构可以分为开端、发展、高潮、结局四部分，除了整体上讲究对称、统一之外，每一部分又有其特殊的要求。

（二）表达的魅力

我们的先民创造了世界上独一无二的汉字，历经千年依然生生不息。我们的汉语是单音节语素语言，一个字就读一个音节，加之独特的音调系统，这使得汉语读起来抑扬顿挫，天然地充满节奏和韵律。

现在社会各个方面都需要沟通和交流，而人与人之间交流思想、沟通感情最直接、最方便的途径就是语言。只有通过出色的语言表达，才可以使相互熟识的人之间产生浓厚的情意，感情更深；使陌生的人产生好感，结成友谊；使意见有分歧的人互相理解，消除矛盾；使彼此怨恨的人化干戈为玉帛，友好相处。这些都是语言表达的魅力所在，我们应该学会良好的语言表达方式，不断提高自身的语言表达能力，日常生活中注重听说读写的能力培养。

和别人沟通交流时，学习借鉴别人良好的说话技巧可以提高自己的表达能力。很多时候，语言的交流在人类社会中起到了非常重要的作用，其中的意义非同一般。没有语言的交流，人们也许无法表达出自己的内心感觉和情感，此外，交流和互动还能够提高语言表达能力。

经常性的阅读和思考是必不可少的。我们从经典和优秀的著作中能够学到不少有用的表达方式和文学素养。此外，阅读对于语言表达能力的锻炼大有裨益，还可以有效地积累不少有用的词汇。在学习生活中养成多动手的良好习惯，用心观察周围事物并记录下来，日积月累不断提高自己的写作水平。

我们提高语言表达能力需要时刻对自己充满信心，不断地利用各种机会来锻炼。相信同学们从小到大在学习语言表达这一方面，都是经过了不少的努力和实践。此外，拥有信心也是提高语言表达能力的一个重要前提。

（三）表达的技巧

语言交往是人际交往的主要方式。语言交往包括听和说两个方面。

善于聆听，乐于交谈，就能化解紧张情绪从而在良好的沟通气氛中顺利交往。

1. 听的技巧

聆听他人讲话时要专心，要用心去听，而不是只用耳去听。要暂时忘却自己的想法和成见，与讲话者一起去回顾体验，要通过目光接触、点头、赞许声等给予积极反馈，增强对方表达的自信心，使他乐于讲下去。聆听时要耐心，不要表现出任何不耐烦和不高兴的神情。聆听时还要虚心，不要轻易打断对方，要善于发现对方思想中的闪光点。

2. 目光技巧

常言道："眼睛是心灵的窗户。"目光接触，是人际交往间最能传神的非语言交往。在交往中通过眼神的交流可以促进双方的沟通。正视表示尊重，斜视表示轻蔑，双目炯炯会使听者精神振奋。柔和、热诚的目光会流露出对别人的热情、赞许、鼓励和喜爱，目光东移西转，会让人感到是心不在焉。交往中，适当的目光接触可以表达彼此的关注。

3. 说的技巧

说是自我表达的最佳手段。说是要给别人听的，所以要使别人对自己说的内容感兴趣，一是要说得明白，语言要简练、通俗、生动易懂。二是要善用敬语，要谦恭有礼，多用亲切友好的词语。三是适当赞扬别人，适时适度、发自内心地赞扬别人，可以形成融洽的交往气氛，强化人际吸引力。但赞扬要真诚适度，不要刻意或虚伪。

4. 体态技巧

体态包括身体的动作、手势。在人际交往中，人的举手投足都能传达特定的态度和含义。身体略微倾向对方，表示热情和感兴趣；微微欠身，表示谦恭有礼；身体侧转或背向对方，表示不屑一顾。不同的手势也具有各种含义，比如摆手表示制止或否定；双手外摊表示无可奈何；

双臂外展表示阻拦；拍脑袋表示自责或醒悟；竖起大拇指表示夸奖等。

5. 声调技巧

同一句话用不同的声调、在不同的场合说出来，可以表达不同的甚至是相反的意思和情感。在人际交往中，恰当地运用声调，也是保证交往顺利进行的重要条件。一般情况下，柔和的声调表示坦率与友善；缓慢、低沉的声调表示同情和关注对方；用鼻音则会显示傲慢、冷漠、鄙视，这会引起对方的反感。同学们在人际交往中要细心体会声调的微妙，学会正确运用声调，以加强语言表达的效果。

6. 距离技巧

人都有一种保护自己个人空间的需要。个人空间距离的大小与交往的对象、内容、场合和情境有关。一般来说，人们之间的关系越密切，他们的人际空间距离就越小。

人们在传达信息和表达情感时，视觉所能反映的是最直观的，它把现实赤裸裸地表达出来，并被视网膜接受。而中国语言之美就是用语言塑造的意境之美在脑海中呈现画面，在一定程度上把视觉的美感用语言文字映现出来，当我们读到诗句"飞流直下三千尺，疑是银河落九天"时，一条瀑布悬挂在山巅，青山掩着绿水，画面感便出来了。当我们读到诗句"云想衣裳花想容，春风拂槛露华浓。"时，先是景，后是人，美人和美景的视觉感觉在文字中被发挥得淋漓尽致。

中国的语言之美并不能用一两句话来概括，它的语言逻辑不只存在于文字之间，而是一种中华传统文化的兼容并蓄和收放有度，它有其根源，来自中华文明的智慧，有其道德逻辑，来自厚德载物，自强不息的中华民族精神。

课后审美实践

1. 试创作一首诗歌并朗诵。

2. 用自己喜欢的字体书写一首古诗。

拓展阅读　》

- 宗白华《美学散步》
- 王国维《人间词话》
- 冯友兰《中国哲学简史》(图6-40)
- 钟明善《中国书法史》
- 钱锺书《围城》
- 路遥《平凡的世界》

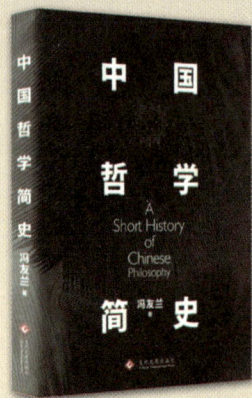

▷ 图6-40 《中国哲学简史》书影

任务七

发现地方之美

任务七

课前关键词自查：

人类学、空间、地方、自然、

人文、非物质文化

课前审美探索

地方传统文化与现代生活

思考地方传统文化与当下生活息息相关的表现，可以从传统民居、传统饮食、传统节日、传统服饰等方面举例说明。

"地方传统文化与现代生活"

传统民居	
传统饮食	
传统节日	
传统服饰	
其他	

总结：

本任务将人对美的认识根植于我们生活的地方、空间乃至身边的环境，从与人的活动息息相关的美的足迹寻找，以民族文化丰富的地域场景作为案例展开，用更多元的审美实践活动来进行美的发现和探究。

一、空间中的地方之美

如果"空间"是一个几何概念的单位，那么我们便可以把"地方"理解成一个存放着某类人群独特情感、记忆和智慧的场所。一个空间成为地方的过程往往是漫长的，它伴随着居住在这个空间中的人在适应环境的同时，创造出各种具有象征和实用意义的文化的过程。

（一）文化景观

文化景观这一概念是 1992 年 12 月联合国教科文组织世界遗产委员会第 16 届会议时提出并纳入《世界遗产名录》中的概念。文化景观是"自然与人类的共同作品"。它们反映了因物质条件的限制和（或）自然环境带来的机遇，在一系列社会、经济和文化因素的内外作用下，人类社会及定居地的历史沿革。

而我国领土面积广阔，各族人民在漫长的历史长河中，和谐交往交流交融，共同创造出多姿多彩的民族文化及民族文化景观，这些文化景观不仅体现着各族人民独特的文化传承，同样体现着中华民族共同体丰富的文化内涵。

案例

位于云南省红河哈尼族彝族自治州元阳县的哈尼梯田是一项汇集了哈尼族人民智慧的文化景观，哈尼族人民利用当地独特的山地环境，创造出了人与自然相互适应的梯田农耕的生产方式，在保护当地自然环境的同时创造出壮美的梯田风景（图 7-1）。

▷ 图 7-1　哈尼梯田

隋唐时期，哈尼族定居哀牢山区后，便利用哀牢山区山高谷深的切割地貌以及气候、植被立体分布的特点，选择在 800 米至 1 000 米，地貌切割破碎的半山建寨，并建构了与之相适应的梯田稻作农耕文化生态系统。他们在山坡上修筑梯田，从山脚到山顶，上下可以垒叠数百层甚至上千层，左右可以铺排数十里。山顶有水源，他们将高山密林中凹潭和溪流中的水引入盘山而下的水沟，水沟迂回曲折流经层层梯田，每块梯田根据其面积规定用水量，然后通过一个水槽，十分巧妙地将水引入田中，既不多也不少，使每一块梯田都能得到灌溉，把大片的山区变成了盛产谷米的良田，梯田稻作成为云南省亚热带山区农耕生产的典范。

2013 年 6 月 22 日，在柬埔寨首都金边举行的第 37 届世界遗产委员会会议一致审议通过，将中国云南红河哈尼梯田文化景观列入联合国教科文组织《世界遗产名录》。

课中审美实践1

活动一：探索文化遗产景观

参考教材给出的自然人文景观图片（例如哈尼梯田），请同学根据图片中的信息查阅相关资料，制作一个"XXX文化遗产景观档案"。

案例参考：

哈尼梯田	物质	非物质	综合景观
地理区域	云南红河地区	信仰、传说 乡规民约	
自然环境	亚热带气候 植被、土壤 水源	万物有灵信仰	
文化景观	四季多彩的 梯田，哈尼 村寨		
生产方式	作物、生产 工具	作息、耕种 方式、水源 和土地的分配	梯田农耕生产
建筑	石头、木头 等建材	建造方式、 村寨的规划	哈尼族村寨
饮食	物产	烹饪方式	哈尼美食
服饰	线、布、染料	纺织、刺绣、染布工艺	哈尼服饰
节日			矻扎扎等节日

_____ 文化遗产景观档案

总结：

课中审美实践2

活动二：美好的"地方"

请描述一处在你记忆里曾带给你美好感觉的"地方"（如果有照片或视频更好），可以是你曾生活的家、教室、街道、小区、学校，集市，一座山，一条河流……也可以是曾与你有一面之缘的城市、角落……，根据以下步骤完成对这个地方的深度描述（有些问题若答不上来，空着即可）：

空间：
这里由哪些物质构成（建筑、设施、道路、植物……）。

时间：
这里是什么时候建造（产生）的，你在这里待了多久，在这期间这个地方发生了哪些变化，在这期间的你自己经历了哪些变化。

人群：
这里主体人群的性别、年龄、职业、身份、来源。

事件/规则：
有哪些规则和禁忌，你遵守这些规则吗，为什么？
这个空间中所发生的事件，不同身份角色的人们如何参与这个事件，他们又从中获得了怎样的情感记忆和体验？

现在，请与此刻这份回忆带给你的情绪共处片刻，现在你可以拿起纸笔，把这份情绪写下来。

空间：

时间：

人群：

事件/规则：

（二）地方建筑文化之美

1. 白族民居

云南白族传统民居建筑是白族先民们经过上千年创造，汲取各族优秀建筑文化智慧的结晶，普及于云南大理、洱源、剑川、鹤庆等白族聚居区（图7-2）。白族传统民居文化受汉族建筑文化影响最深，也是云南少数民族中建筑文化发展最完善最发达的民居文化之一，是博大精深、历史悠久的中国优秀传统文化的一个分支，其具有特色的民居装饰艺术合理性和适宜性。大理地区石头多，白族民居大都就地取材。大理民间有"大理有三宝，石头砌墙墙不倒"的俗语，指的就是建房取材这一点。

▷ 图7-2　白族民居

白族崇尚白色，其建筑外墙均以白色为主调，从院落布局、建筑结构和内外装修等基本风格来看，白族民居与中原民居建筑有着传统上的继承。由于自然环境、审美情趣上的差异，白族民居又有自己明显的民族风格和地方特色。门楼和照壁是白族民居建筑中最富有民族特色的部分，也是民居建筑的重点装饰部位。大型住宅的门楼，下半部位用花岗石、青石、大理石等砌成，中间部位用青砖砌成，并镶嵌浮雕或风景图案大理石，上半部位分双层，翼角翘起如飞，斗拱重叠，檐牙高啄，上有木雕泥塑龙、狮、花、鸟等图案，并彩绘油漆，造型优美典雅，富丽堂皇。照壁底部多用青石当石脚，两侧用青砖或者大理石砌成，壁顶修建成飞檐滴水，脊瓦两端起翘，形成优美的弧线，两头四个檐角如飞，酷似海鸥展翅的形象，壁身用土夯筑而成，再用白石灰粉刷，中间镶嵌圆形山水图案大理石，或竖或横镶嵌四块正方形大理石，请人题写"万紫千红""旭日东升""福""寿"等吉祥如意的大字，并在四角和飞檐下面绘上龙、凤和动物山水画。照壁下面砌有花坛，栽种山茶、石榴、桂花、月季、菊花、兰花等花木，一年四季草木芬芳，花香四溢。

最具白族民居建筑艺术的大理喜洲白族民居，被列为云南省重点文物保护单位，成了中外宾客旅游观光的重点项目。白族民居是白族传统文化的物质形式，是白族人民为适应自然环境和白族生活方式、民俗习惯所创造的独具风格的建筑形式，凝聚着白族传统文化和审美的精髓。

2. 福建土楼

福建土楼，被称作为汉族五大民居样式之一，以其强大持久的生命力、独特的审美形式以及建筑中蕴含的丰富文化内涵，成为中华传统民居篇章中极为精彩的一页，被人们盛誉为"东方古城堡"，是一种以保护族人寻求生存与延续的民居形式（图7-3）。

▷ 图7-3　福建土楼

土楼的外观宏伟壮观，人们在第一次亲眼所见时往往被其朴实、高大的外观所震撼。但是近看不难发现，出于防御和功能的限制，土楼的门窗相较于其巨大的体量往往显得很小，尤其是二层以上所开的小窗，相对于土楼本身几乎可以简化为一个个排列的小洞。这种夸张的尺度对比对于初见土楼的人来说恰恰更具有视觉张力和吸引力。远看土楼，除了宏伟壮观的第一感觉，若联想其防御的功能，土楼往往给人一种封闭和"拒外"的空间和心理感受；而进入大门后则是开阔的天井、巨大的中心广场或祖堂等公共空间，这也使得土楼内外的空间有着极为鲜明的对比，带着好奇心第一次走入土楼的人多半会因为其内部的空间而眼前一亮，巨大的内部空间和巨型屋顶所围合的天际线，仿佛土楼的内部自成一片天地，毫无拥挤和闭塞之感。

福建土楼整体上有和谐统一的韵律美，给人一种朴素粗糙的质感，但是其细节和装饰也不乏精致和考究的设计。如土楼内部窗台、门廊、檐角等在简单中寓有精致、朴素中透露华美，是中国民居建筑"外拙内巧"的典范。土楼的细部处理，主要体现在外墙、屋檐、门窗、祖堂的修饰以及柱身上。圆楼的屋顶是随着墙身环绕的，给人厚重而庄严的感觉，大门因为作为入口性质的突出，主要以坚实为主，装饰也朴素大方。外墙则是厚实的夯土墙，不着任何艳丽的色彩只显出泥土的本色，而墙身在历史发展中也逐渐变得古老而斑驳，敦实的形象给人一种粗朴自然之感。处于中轴线上的祖堂，是宗族议事、婚丧喜庆、会客、宴会的重要场所，因其重要地位而成为重点装饰的对象，古朴的木石雕刻和典雅的壁画寓意丰富、巧妙。在和谐、统一的整体布局中蕴藏着精致、美观的装饰，这些丰富多样的细节处理，形成了福建土楼"粗中有细"的装饰美学。

二、手心里的工艺之美

手工艺在中国文明发展的过程中产生繁衍，是广大人民群众自己创造的工艺文化，是民族文化的一个重要组成部分，手工艺作为艺术的一种表达方式，在呈现"巧夺天工"的高超技艺的同时，又体现着中华传统文化精华的"天人合一"思想。

（一）服饰里的手工艺

传统服饰手工艺作为中华民族文化的一部分，饱含了民族文化的精髓，凝聚着中国各朝代各民族人民的劳动智慧，作为中华民族的文化财富之一，凝结着东方审美和中华传统文化内涵的特点。在历史发展中不同地域不同发展阶段的中国服饰手工艺表现出了不同的特点，如刺绣、绗缝、扎染、蜡染、拼布、编织、手绘。传统服饰古老、淳朴、绚烂、精美，每一件服饰工艺作品都有它的时代风格和时代气息。

早在远古时期，我国就有了缝制服装用的骨针、骨锥等工具，先人们用这些工具能简单地进行缝制。在原始社会的后期出现了麻布，开创了服装纺织工艺的时代。随着社会生产力的发展，印染织绣有了很大发展，其中刺绣作品备受瞩目，制作技艺由原来的简单缝制向着精工细作发展着，相继产生了嵌、镶、滚、包、镂、贴、绘、绣等形式（图7-4），表现出我国传统手工艺审美与实用的特色。我国服饰文化在历史演变过程中形成了各自独特的地域文化、民族风情等各式的区域特色，表现出不同的文化内涵。

▷ 图7-4 缂丝

1. 白族扎染

大理白族地区，除著名的自然山水景观外，扎染工艺已经成为最独特的艺术风格，集文化、艺术于一体（图7-5）。花形图案以规则的几何纹样组成，布局严谨，以蓝底、白花为基调的各式各样、种类繁多的扎染、蜡染工艺品琳琅满目，装饰着大理古城，迎接着四方游客。

▷ 图7-5 云南白族传统扎染（摄影：北纬）

扎染布是白族特有的纺织工艺产品。用扎染布制作的衣服、裤子、裙子、马甲、领褂、帽子、手绢、头巾、挂包、茶桌布、被面、窗帘、围巾等是白族人民的日常生活用品。随着旅游业和经济的发展，这些日常用品已经走向市场，其使用功能逐渐减弱，而其审美、艺术功能逐渐加强。扎染古称为绞，白族人民喜欢将它称之为疙瘩布或疙瘩花。扎染工艺在大理地区出现较早，宋代《大理国画卷》中武士衣毛上的布料就和扎染十分相似。从明清时代流传下来的白族扎染服饰残片中也有不少就是扎染布料。扎染布是白族人民用手工制作的质地较粗的白棉土布。这种布料吸水性能很好，质地柔软，通过扎花、浸染、漂晾等程序制作而成（图7-6）。其染料为当地的板蓝根茎或蓼蓝叶根茎浸泡而成，其色泽自然，蜕变缓慢。

▷ 图7-6　云南白族扎染制作（摄影：北纬）

2. 佤族织锦

佤锦以典雅漂亮著名，喜欢使用黑色的基调，配有红、紫、黄、绿等自然色彩，多用鸟眼、虎脚等花纹图，艳丽多姿，体现了佤族人民和田地自然融为一体的自然审美观。佤族织锦源远流长，纺织技艺自古以来就是佤族妇女需要掌握的技术，织锦在佤族生活中起着重要的作用，主要运用在服饰、挎包、毯子等日常用品中。佤族织锦主要有三类，第一类是麻质织锦，全用麻线织制而成，花纹以直线纹为主，白底上加红、黑色线纹，色调和纹饰比较简单，这是佤锦的原始类型。第二类是棉锦，以棉纱线为主织造而成，色彩纹样多变，图案艳丽、灿烂。第三类是混纺锦，有棉麻混纺、棉麻丝混纺、棉毛混纺或现代材料混纺等。织物组织是在平纹底上挑织横条纹或几何纹斜纹花（图7-7）。

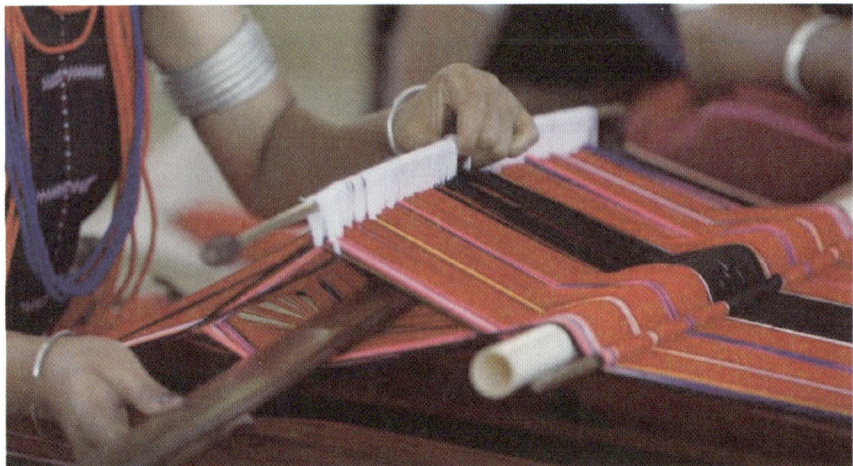

▷ 图 7-7 佤族织锦

　　佤族织锦的图案大致可分为条纹、条纹和几何纹相间两大类，皆以红色、黑色为基调，蓝、绿、黄、白、青等颜色局部点缀，色彩浓烈浑厚。条纹与菱形纹相间的图案用黑、白的细条纹分割，菱形图案用黑、白和黑、红的细条纹拼合构成，形成了纵、横、粗、细的丰富变化。从造型上看，菱形纹本身也有十字纹的构成元素，把十字纹的上下左右四个端点连接在一起即为菱形纹。菱形图案在织锦中很少单独出现，多以二方连续或四方连续的菱形纹样，或者是以二方连续和四方连续的菱形图案组合出现。

课中审美实践3

活动三：地方服饰美

挑选一张你所感兴趣的当地民族服饰的图片，并查阅相关的制作技艺和文化背景，将其中最有特色的部分如：花纹、图案、色彩或配饰打印或临摹出来，并对该民族服饰进行审美文化的阐释。

- 将你挑选的民族服饰名称写在下面：

_____

- 将你挑选的民族服饰最有特色的部分如：花纹、图案、色彩或配饰打印或临摹出来（任选其一即可）

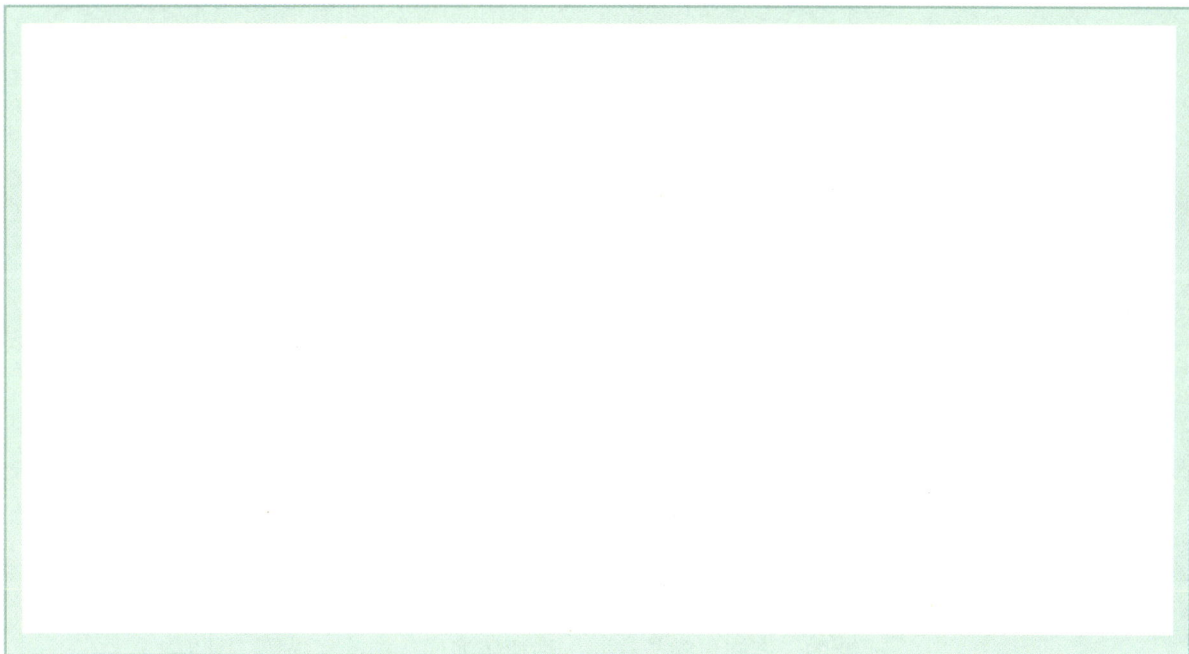

- 分析该民族审美文化特点

（二）生活中的手工艺

不同的工艺会产生不同的美学感受，如陶石工艺、漆器手工艺、木石手工艺、铸造工艺、具有强烈工业感和现代感的铆接工艺、能够产生富于韵律感和秩序感的肌理效果的编织工艺等。比如，锻造工艺在制作过程中忠实地保留了"情绪化"的痕迹，特别是产生了或圆或方、或长或短、或粗或细等各种各样的肌理效果，体现强烈的个性化特征和浓厚的手工美。

生活中的手工艺，是用人类的智慧创造本没有的物品的过程。手工艺运用工具和手的技能，对原始的材料进行加工与创造，因此，只要有人类足迹的地方，就有一代代传承下来的手工艺之美。手工艺是历史的产物，是经过几千年传承和发展的民族技艺，是民族文化的优秀遗产和需要大力弘扬的民族品牌。劳动人民在生产和生活实践中所形成的手工艺品种和技艺主要呈现出雕、镂、刻、削、染、编、绣、绞、缝、绘、髹、铸、琢、磨等，值得我们细细探寻、品味。

1. 陶石手工艺——傣陶

云南是多山的地区，同时也是最早的农耕文明的发祥地之一。陶器的大量使用标志着云南各民族的先民们告别了以石器为主的狩猎时代，开始进入了农耕文明的新的历史发展时期。

近现代云南的陶器艺术日益丰富，同日常的生活、艺术的结合更加紧密。陶器广泛应用在民居建筑、生活用品、装饰艺术、宗教器物等老百姓的日常生活之中。在云南本土几大类陶器工艺中，比较著名的有建水紫陶、傣族黑陶与红陶、纳西族泥俑、白族瓦猫等（图7-8）。

在西双版纳的傣族地区，有一种古老的慢轮制陶工艺。傣族慢轮制陶保留着从无窑堆烧向有窑烧制过渡的初级形式，是一座活的"制陶历史文化博物馆"。20世纪50年代末期以来，国内外著名的考古学家多次对傣族制陶进行专门调查，他们认为傣族慢轮制陶是我国原始陶艺的代表，是解开中国新石器时代烧陶之谜的一把钥匙。

傣族制陶用途广泛，包括傣族日常生活用具，佛教建筑装饰、佛教礼器等。从生活用具来看，西双版纳傣族生活的地区气候炎热，用陶罐盛水清凉爽口，用土锅煮肉、炖鸡鲜嫩清香，用陶杯沏茶特别香醇，陶

▷ 图7-8　傣陶

罐盛放粮食不会变质，有防潮防霉的作用，且物美价廉，深受傣族人民喜爱。2006年6月西双版纳傣族慢轮制陶技艺被列入第一批国家级非物质文化遗产保护名录，傣族慢轮制陶这门被称为"原始制陶活化石"的传统手工技艺得到了应有的保护。

近年来，随着旅游业的发展以及普洱茶的市场推广，傣陶的优势逐渐显露，西双版纳天然陶矿自然洁净，透气性强，是制作茶器的优质陶矿。傣陶茶具在1 000～1 200℃高温间不断地氧化还原中烧制而成，高温烧制傣陶含有铁、锌、钙、镁、锶等十几种对人体有益的矿物质。傣陶贮茶可让普洱茶充分舒展呼吸、孕育陈香，将普洱茶的香醇韵味发挥得淋漓尽致。具有文化属性的普洱茶与千年傣陶相得益彰（图7-9）。

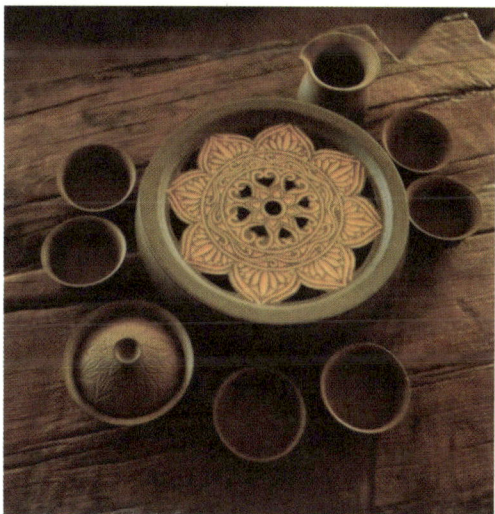

▷ 图7-9　新式傣陶

2. 金属手工艺——苗族银饰

人类改造客观世界中，金属是我们最早利用的物质材料之一，而对于它的发现和使用更是在人类文明进程中具有非凡的意义。不同种类的金属被制成各种艺术品、工艺品，满足当时人们对其审美和实用功能的需求，这些工艺品被统称为金属装饰艺术，从传统工艺美术设计的角度来讲，也叫作金属工艺。

▷ 图 7-10 贵州舟溪苗银饰（摄影：北纬）

五千多年前，苗族先民就已生活在相对丰饶的黄河流域和长江中下游平原一带。在传承下来的苗族古歌中，就有三章专题涉及金属工艺。一是《运金运银》，二是《打柱撑天》，三是《铸日造月》。在苗族古歌中，金银都被拟人化了，成了苗族人民亲密的伙伴，"金子冒出来，像条大黄牛，脊背黄央央。""银子冒出来，像只白绵羊，肚皮亮晃晃。"

▷ 图 7-11 贵州方南苗女性盛装
　　（摄影：北纬）

苗族先民们认识到金子和银子的"家"不是在水里，也不是在山洞里，而是"金子黄铮铮，出在岩层里，银子白生生，出在岩层里。"[1]

苗族是一个酷爱艺术并很早就掌握了金银冶炼技术的民族。金银在苗族先民的社会生活中有着举足轻重的地位，这也是银饰在苗族人民中得以诞生、流传、普及并生生不息的心理基础（图 7-10）。银饰对苗族而言，不仅是穿戴在身上的装饰，更是早年大规模迁徙历史的遗存，同时也是驱邪、消灾、祈福的美器。苗族的节日和庆典很多，每逢佳节，姑娘们便银饰盛装，成群结队地如彩霞般齐聚一堂，展示苗族文化美丽的风采（图 7-11）。

苗族银饰工艺复杂，少则需要十几道工序，多则几十道。银匠首先要将熔化的白银加工成银片、银条和

---

① 田兵. 苗族古歌 [M]. 贵阳：贵州人民出版社，1979：22.

银丝，加工好的银片被夹进模具进行初步造型，再将压模完成的银片固定在加工台上，然后采用压、錾、刻、镂等工艺，锻造出各种纹样。最终根据造型需要再将其焊接或编织成型，焊接用的是经硼砂水浸泡过的纯度 70%～80% 的小银片，银饰主体纯度为 99% 的足银。在清水江一带，人们还能看到全身戴满银饰的苗族姑娘们在踩鼓场上跳踩鼓舞。远远望去，恰似银浪阵阵，波光粼粼，而一整套盛装银饰重约十二三千克。

3. 漆器手工艺——彝族漆器

漆器艺术的产生是我国古代在工艺美术方面的重要发明，在人类文明发展史上具有相当重要的地位。中国是目前为止世界上公认的最早使用天然生漆的国家。漆器作为中国历代工艺品种中最重要的组成部分之一，有轻便、易洗、耐热、抗酸碱等许多优点。

迄今为止发现的世界上最早的漆器实物是跨湖桥遗址出土的距今已有约八千年历史的漆弓，它的出现为古代中国漆艺的辉煌历史提供了强有力的实物鉴证。这个时期的漆器装饰简单，器物大多髹黑、红等并不复杂的颜色，纹样上也是简单的几何纹，造型上注重实用，几乎没有什么装饰，整体呈现出朴素、单纯的美感。再从出土的汉代漆器文物考证来看，当时生产的漆器数量之多、品种之全、工艺之精、生产地域之广，都达到了前所未有的水平和高度，漆器已经成为人们生活的必需品。凡是可以以漆制作的，无不制成漆器，小到日常生活用具如盘、碗、盒、勺、盆等，大到家具如案、床、椅、几等，随处都是漆器的身影。漆器作为汉代重要的文化载体，其工艺和艺术水平居各类手工业之首，所以汉代漆器被誉为鼎盛中的鼎盛。

彝族漆器拥有着悠久的历史，是彝族古餐具基础上发展起来的民间工艺品（图 7-12）。彝族漆器以其古朴的造型、绚丽多姿的纹饰、鲜艳夺目的色调和精美绝伦的工艺成为彝族文化宝库中的一颗璀璨明珠，是彝族的文化艺术瑰宝。彝族漆器纹样的色彩以黑、红、黄三色为主，纹样源于自然、来自生活，因而种类繁多，异彩纷呈。如圆日、月牙、水浪、山形、鱼泳、鸟翔、动物

▷ 图 7-12 彝族漆器

的弯角、爬动的小虫以及日常生产生活中的农耕、渔猎、纺织等工具。彝族人民对自然加以体会揣摩，产生了线条、颜色、节奏等灵感。

在传统文化更加受现代生活方式青睐的趋势下，彝族漆器同样也置身其中。彝族漆器全部采用天然原料制成，不会污染环境。土漆经特殊配料晒制，干燥之后不会产生过敏反应或其他毒副作用，非常符合人们讲究生活品位，追求自然、环保的现代生活理念。

4. 木竹手工艺——白族甲马

云南木器艺术文化十分发达，尤其是在白族地区，木器艺术文化内容丰富。木器艺术种类众多。甲马，又称"纸马"，是一种民间木刻版画艺术，是民间祭祀时所用的物品。云南民间美术研究的人士多称之为"甲马纸"，这也是根据最初收集这种民间版画的保山、腾冲、大理等部分滇西地区的民间称呼而来，并沿袭成俗。白族甲马纸始于白族古代社会，白族人民用这一形式来表现自己的传统文化和民族意识。

在云南，甲马木刻是主要流传于汉族、白族、彝族的活动，尤其在大理白族地区广为流传，雕刻的图案多选用和自己民族生活、习俗、宗教有关的植物、动物、图腾、宗教题材、象征物等，以体现各民族人民对自己的民族文化、家园的热爱和对美好事物、生活的期盼（图7-13）。因此，甲马在内容和形态造型上也演变成了独具云南地域特色的民间版画艺术形式。

▷ 图7-13 甲马木刻

三、感受鲜活的传统之美

（一）美的共享

1. 生命之初的共享

《中庸》中说："天命之谓性，率性之谓道，修道之谓教。""从生物进化的观点看，其原始的、主要的生存获益的意义表现于父母与婴儿之间的联结关系。"① 父母与婴儿之间的互动，使双方都获得了许多生理和心理的益处。

童谣是一种表达生命起始时期生命状态的语言与音乐的符号体系。在中国古代，童谣称为童子谣、孺子歌、小儿语等。在历史厚重记忆中出现的童谣，是人们希望借助童心无邪的纯真折射出生命历史的确凿性。从人类生活的实际来看，童谣的最重要的主题，是儿童和父母的共同生活的状态。将童谣放到人类生存繁衍的具体环境中来看，童谣的生物学和社会学的状态，承载了儿童以及儿童的养护人——母亲、父亲和长辈的主题；将童谣放在一个孩童成长的家庭生态环境来看，通过音乐作用来帮助儿童身心健康成长，通过音乐教育实施对于儿童的社会化塑造，其中包括通过童谣建构儿童的美好心灵和外部世界。同时我们也看到，这种所谓成年人构建的儿童世界，其实也是努力让儿童的率性天真来纯洁成年人的内心，也是成年人在构建自己的世界，更是构建人们共同的未来世界。

摇篮曲东西方都有，欧洲最早使用这个名称作为艺术音乐题材，是由英国作曲家拜尔德所作的摇篮曲 My Sweet Little Baby，四百多年来这个名称一直被沿用。各个民族、各个地方，都有自己的摇篮曲调，摇篮曲是母亲们献给孩子们的最早、最珍贵的人生礼物。有的没有歌词，只是母亲看着自己孕育的小生命随口哼唱的音调，因为这声音传达了母爱最神圣的情感，是发自母亲内心的声音，所以摇篮曲优美感人，音调温柔、舒缓，歌词富于想象力。如《哄孩调》《摇棉花》《小鹿小鹿》《眠囡调》《摇得宝宝长成人》《催眠歌》等。

---

① 多纳德·霍杰斯，戴维·西博尔德. 人类的音乐经验 音乐心理学导论 [M]. 刘沛，译. 北京：中央音乐学院出版社，2015：45.

活动四：探寻当地摇篮曲的"足迹"

一首小小的摇篮曲，是生命之初最美的共享。成人唱童谣也是一种童谣的回忆性体验，童谣是人类共同创造的对生命历程的一种音乐表达。各个国家、不同种族之间，最能够与思想体系融为一体的，不一定是科学，有时恰是永远没有彼此排斥的各种艺术形式。唯有以美感超越理性的艺术，可以使人类随时摒弃差异，获得共情、共享与共荣。

● 案例：布朗族《月亮宝贝》

居住在西双版纳的布朗族，有一首非常美的摇篮曲《月亮宝贝》。歌曲用布朗方言演唱，语言的美与音乐的美融合在柔和的唱腔中，让我们感受到布朗族的母亲，借着月光，共享着妈妈和孩子之间的悄悄话。下面请欣赏由布朗族传统民歌《月亮宝贝》创作的原创合唱作品。

《月亮宝贝》歌词（汉语翻译）

宝贝："月亮啊，是什么东西在哆哆哒哒地响？"

妈妈："是爸爸妈妈剁好吃的东西在响。"

宝贝："是什么好吃的东西呢？"

妈妈："是兴怀树上的果实。"

宝贝："兴怀树在哪里呀？"

妈妈："就在寨子的山顶上。"

查看音频

2. 风土人情的共享

一方水土养一方人，我们生活在一个多民族的大家庭中，在长期的历史发展中，各族人民共同创造了来自不同地域的物质文化与精神，也诞生了很多的民族节日。丰富的民族文化节日承载着古老的故事与难以磨灭的过往，各族人民继承着祖先崇拜和相关精神，共享着风土带来的情感纽带。

（1）彝族的火把节　彝族《勒俄特依》神话中记载了火创造了人类和祖先，火"为了创造人类燃，为了诞生祖先烧"，在彝族始祖阿普独摩的神话中，是火让人类开口说话。火对彝族人民的文化和生活的影响已从具体的实物上升到抽象的神，火即神，神即火，火能为他们带来幸福和吉祥。彝族人民把火塘看成是火神居住之地，是祖先神灵取暖的地方，也是他们必不可少的一种生存生活工具，在他们的居住民俗中占有重要位置，是每一户彝族家庭生活的中心，火塘与家人的命运祸福紧密相连。所以，火塘里的火长年不能熄灭，被称为"万年火"，同样在彝族民间曲调中也能听到许多关于火塘的描述。

农历六月二十四日的火把节，是位于云南省的楚雄彝族自治州最隆重、最盛大、最富有民族特征的节日（图7-14）。火把节，不仅是彝族传统的节日，同时也是美洲印第安人和中国彝语支民族共有的传统节日，彝语支民族彝、白、纳西、哈尼、傈僳、拉祜、基诺、普米等族都要过火把节。这不约而同地印证了一个事实——火，在人类发展的历史长河中，一直起着巨大的作用。

▷ 图7-14　盛大的彝族火把节

（2）傣族与水的狂欢 泼水节是傣族最隆重的节日，也是云南本土少数民族节日中影响面最大，参加人数最多的节日。每年泼水节来临之时，信奉佛教的傣族男女老少会穿上节日盛装，妇女们则各挑一担清水为佛像洗尘并祈求保佑。这之后人们就开始相互泼水，表示祝福，希望用圣洁的水冲走疾病和灾难，换来幸福生活。每年一度水的洗礼，也是当地人身心共情的美好生活方式之一（图 7-15）。

▷ 图 7-15 泼水狂欢

傣语中的新年称为"京比迈"，傣族泼水节在傣历的六月中旬，阳历的四月中旬举行。泼水节期间的集体活动除了泼水，还有赶摆、赛龙舟、浴佛、诵经、跳孔雀舞、丢包、放高升、放孔明灯等习俗。节庆，是促使当地民间文学、竞艺竞技等综合文化内容的传承与繁荣的重要契机。

傣族象脚舞和孔雀舞，是一种从孩子到老人都可以参加的集体舞蹈。象脚舞热情、稳健、潇洒。舞者围成圆圈，合着锰锣、象脚鼓翩翩起舞，一边跳舞一边喝彩"吾、吾"或"水、水"；孔雀舞优美、雅致、抒情性强，舞蹈以孔雀的各种姿态为基础，在趣与美的再创造中，集中凝聚着傣族人民的审美旨趣。

放高升是泼水节的又一项保留节目。高升是傣族人民自制的一种烟火，将竹竿底部填以火药和其他配料，置于竹子搭成的高升架上，接上引线，常在夜晚燃放。放高升时，点燃引线使火药燃烧便会产生强劲的推力，将竹子如火箭般推入高空。竹子吐着白烟，发出尖啸声，同时在空中喷放出绚丽的烟火，犹如花团锦簇，光彩夺目。地面上则是欢呼声、喝彩声此起彼伏，议论声、赞美声不绝于耳。高升飞得越高越远的寨子，也意味着更光彩、更吉祥的寓意。

放孔明灯也是傣族地区尤为盛行的活动（图 7-16）。入夜，人们在广场空地上，将灯烛点燃，放到自制的大"气球"内，利用空气的浮力，把一盏盏孔明灯放飞上天。明亮的孔明灯在漆黑的夜晚越飞越高、越飞越远。

▷ 图 7-16 放孔明灯

地方节日，是全面展现其音乐舞蹈文化、饮食文化、服饰文化和民间崇尚等传统文化的综合舞台，也是研究地方性历史的重要窗口，具有较高的学术和文化价值。丰富的文化活动和艺术表演给人以共情共享的同时，也是各族人民大团结的重要纽带，对促进全世界社会经济文化的发展起到了积极作用。

（3）景颇族寻找祖先的路　景颇族在长期的劳动实践中创造了丰富多彩的民族文化，其中，起源于景颇族远古时期的"目瑙纵歌"经历了漫长的发展和变迁后，从宗教祭奠活动发展为民族节日，已经成为景颇文化最明显的民族文化标识（图 7-17）。它蕴含了景颇族传统文化的积淀，见证了景颇族的发展，可以说是记载景颇族文化历史的"文化史册"。

"目瑙"是景颇语，"纵歌"是载佤语，意思是大家一起来跳舞。目瑙纵歌节是景颇族重大的民间祭祀性节日活动，于每年农历正月十五前后举办，它将景颇族的历史文化通过广场艺术表演的形式展现给人们，

▷ 图7-17　景颇族目瑙纵歌仪式现场

让人们短时间内了解景颇族的历史文化。

目瑙柱绘着长长的回旋的菱形纹和蕨形纹，这是景颇人回归祖地的"路标"。在四根目瑙柱的下面有两根横梁，上梁代表宇宙天空，上面刻有乳房、孔雀、犀鸟及其他鸟类的图案。下梁代表大地，上面刻有螃蟹、牛、猪、鱼、鸡等图案。在目瑙柱另一端或上方横匾上画有一座大雪山，代表了景颇族的发源地。目瑙示栋上的图案和符号，可以看作是民族历史记忆形象地展示，每个图案和符号都有着丰富的文化象征寓意。大雪山代表了景颇族的发祥地"木折省腊崩"；太阳是永恒的光和热的源头，也是一切生命的源头；星星和月亮主宰夜晚，在黑夜里为景颇祖先指明方向。"目瑙示栋"可看作是景颇族文化的缩影，它不仅体现了景颇族的灿烂历史文化，还表达了景颇人民对美好生活的向往。

在目瑙纵歌的仪式过程中，由有声望的巫师斋瓦吟唱景颇族的创世史诗《目瑙斋瓦》，伴随着巫师的吟唱，以及有节奏的木鼓声、民族音乐哦啦调再加上不时发出的群众性呐喊声，上万景颇族人民在头插长羽，手持长刀的领舞"瑙双"的带领下，依照目瑙柱上记载的民族迁徙路线，时进时退，千回百转，变换舞蹈路线，重现民族迁徙的历程。景颇族古老、灿烂的文化因此得以世代相传，目瑙纵歌像一部活的"文化史册"将景颇族悠久的历史生动地展现在世人面前。

美的分享

介绍你家乡的某个节日，分享节日活动中让你感受到的最美的共情之处。

（二）美的传承

1. 地域文化融入现代生活

传承，不是固守。让民族优秀传统文化在现代社会中延续，植入现实生活，融入当代审美，这是新一代中华民族儿女肩负的传承文化的使命与责任。先辈们留下来的宝贵文化遗产得以传承，并使其融入现代生活中，才能让"民族文化力量"持续绽放光芒。

让传统文化融入现代生活，作为大学生首先要积极地学习和主动地汲取中华民族文化精髓，与传统艺术和古迹民俗多接触，以多种方式深入了解和体悟民族文化的精华。在新的时代背景下，技术驱动力持续增强，增强现实（AR）、虚拟现实（VR）、混合现实（MR）、人工智能、云计算等技术优势显现，丰富的手段加上艺术创新与创造，民族优秀传统文化的传承将以多种可能性表达其生命力。文化产品、文化产业的不断发展，也将使沉浸感与体验感的大幅提升为多元文化创新开发带来更多惊喜与活力。

以故宫 IP 为例，故宫博物院是我国标志性文化景观，馆藏丰富、建筑群落特色鲜明，历来是大众心中庄严肃穆的文化地标。而故宫在借鉴各地博物馆文创经验的基础上，加入新锐设计力量，以"来自故宫的礼物"为宣传语推广文创产品。目前已开发文具、饰品、服装、生活器具等多个品类，并在 2019 年春节策划了"紫禁城里过大年""紫禁城上元之夜"等活动。故宫文创中 Q 版、可爱型日常化产品居多，产品包装附有文字或纹样出处，把知识性信息以简约注释的形式传达给消费者。人们通过生活小物件可感受故宫文化、亲近故宫文化，缩减了传统文化与大众之间的时空距离。故宫 IP 不但重视产品多样性的开发，还充分利用新媒体宣传故宫文化：一方面参与《我在故宫修文物》《国家宝藏》《上新了·故宫》《如果国宝会说话》等纪录片制作，一方面上线了"每日故宫""故宫社区""故宫陶瓷馆"等 App 应用，真正将故宫传统文化带入现实生活。而目前许多博物馆也都纷纷推出了自己的文化创意产品，使"收藏在博物馆里的文物、陈列在广阔大地上的遗产、书写在古籍里的文字都活起来"，文物资源和文化遗产所蕴含的创新创造基因被不断激活。

小贴士

传统手工时尚——傣纸艺术

傣纸艺术是来自西双版纳最古老的造纸术，有着坚韧、耐用、抗腐蚀、防潮、无污染等优点。现在通过创新公益的模式，赋予传统文化新的生命力，结合现代创意与设计理念，将傣纸造物这一传统而时尚的工艺探索出市场化出路，从而保护少数民族文化多样性，支持热带雨林当地社区的可持续性发展（图7-18）。如傣纸笔记本、傣纸包装、傣纸灯罩、傣纸扇子等文创产品的设计，不仅精美且富有民族特点，也是生活中审美与实用相结合的好物。

▷ 图7-18 傣纸制造

2. 走向世界的民族民间艺术

中华文化是经过历史积淀的智慧结晶，应以现代性视角对其进行重新审视。在文化全球化背景下，我们要尊重民族文化、树立文化自信，通过与国际接轨、与时代兼容的叙事方法弘扬中华文化精髓，提升中华文化的国际地位，这其中至关重要的一环就是讲好中国故事，以中国文化丰富世界文化，以中华文明滋养人类文明。

案例 以民族母语创作的音乐精品《坡芽歌书》

中国富宁壮族《坡芽歌书》(图7-19)用81个原始的图画符号记录了81首壮族民歌,讲述了一对壮族青年男女从偶遇到相识、相知、相恋并相约白头偕老的情感历程,反映了壮族同胞的价值观、爱情观和人生观,具有人类学、民俗学、文字学、音乐学等多个领域的学术研究价值。

▷ 图7-19 云南文山富宁壮族坡芽歌书

坡芽,壮语意为"山花烂漫的地方"。坡芽村在2012调查时共有280多人,除1人外其余均为壮族,是一个典型的原生态壮族村寨。坡芽歌书于2006年被发现,原始的图画文字将壮族情歌记录在土布上,坡芽歌书填补了壮族没有自源性古老文字的空白,印证了文字发展的过程。坡芽人将歌书代代相传,只为能更好地保护和传承坡芽文化。2011年,《坡芽歌书》被列入第三批国家级非物质文化遗产名录。

《坡芽歌书》婉转动听,曲调丰富,在其中还加入各种拟声,带给人的是全方位沉浸在自然中的感受。歌书可采用多种壮族民间山歌调子演唱,语言淳朴,曲调委婉、动听,以"甜""静""美"为主要音乐风格,是国家级非物质文化遗产,是壮族民间文学和民间音乐的精华,是中华民族文化大观园中的一朵绚丽奇葩。

而一首合唱艺术作品,更让世界听见《坡芽歌书》。《坡芽歌书》合唱是一部合唱情景套曲,该作品根据"坡芽歌书"当中的原生态音乐素材改编成12首无伴奏多声部合唱曲,于2012年创作完成。合唱既保留了坡芽情歌原汁原味的民族韵味，又以更接近当代审美观的演唱风格和舞台表演进行综合呈现。该合唱套曲由我国著名作曲家刘晓耕编创，他和致力于保护研究坡芽歌书的音乐工作者们一同，将民族风格曲调与现代作曲技法相结合，使之成为一部享誉国内外的优秀音乐作品。该合唱套曲以壮族母语作为歌词演唱，准确并完整地展示了其审美特征背后的文化基因，此外每首曲子在演唱的过程中都配合了情境的演绎，将本土民俗文化的审美语境表达得更为精细而生动。

《坡芽歌书》合唱作品，不仅体现了壮族音乐文化之美，更将高水准作曲质量的中国特色民歌合唱形式传播到了全世界。坚持传承中华民族传统音乐的态度，潜心寻找与挖掘中国音乐文化之根，力图将传统音乐与现代作曲技术融合，这是当代音乐家将民族民间艺术带向世界的探寻之路，也是讲好中国故事，传递中国之美的途径之一。

课后审美实践

当地具有民族传统文化特色的行为常常融入在本土居民的审美意识之中，带给我们家乡的记忆、美好的感受，乃至行为习惯。想一想带给你美好感觉的本土民族传统文化场景，用手机短视频的方式记录下来（你可以拍摄一些画面，或在其中朗读一段相关文字材料）。将你的短视频作品发送到班级群里，和同学们分享你的家乡文化之美。

- 汪榕《云南民族文化概览》
- 杨源《中国民族服饰文化图典》
- 梁平《生存恐慌　最后的老手艺》
- 余世存著，老树绘《节日之书：余世存说中国传统节日》
  （图 7-20）
- 段义孚著，王志标译《空间与地方：经验的视角》
- 葛亮《瓦猫》

▷ 图 7-20　《节日之书：余世
　　存说中国传统节日》书影

任务八

呈现生命之美

课前关键词自查：
艺术与科学、艺术与生活

课前审美探索

生活中的美

用一段文字描述一件生活中让你感受到美的事:

例:

安然的古木楼,苔绿的天井,静好素朴的席面、茶具、烛光,温暖的笑颜,落入瀹茶者、饮茶人的眼中;若有若无的松针香,注水、出汤之际,乳白的水雾挟着纯净的茶香飘至我们的鼻中,是细致的嗅觉体验。雨声、茶鼓声、琴声、箫声,低语着的茶话,一一路过我们的耳边,是递进的事茶音韵,待温热的琥珀色茶汤倾入,玄黑里托起一盏流动之温暖,举盏细啜,清晰感受茶汤里从舌尖荡漾,滑下喉咙,温暖至丹田,从味觉之愉悦生发欢喜之心。

——摘自:王迎新著《山水柏舟一席茶》

爱默生说："世界上唯一有价值的东西，就是一个人充满活力的灵魂。"人的思想建设、灵魂建设，也就是人文价值观维度的确立。如果只有知识和技能，那么人是平面的，只有长度和宽度；一个只有生命长度、宽度的人，跟一个既有生命长度宽度，又有深度的人的生命质量是不一样的。那么，提高生命质量的关键是什么？如果必须用一句话来问答，那么，就是要使人了解生存的意义与人生的根本，从而确立人的灵魂维度。

中国近代思想家王国维在德、智、体三维之外开辟第四维度，即"美育"之维。王国维认为，人只有当他具备审美能力时，才是"完全的人"，而教育就是要培育出"完全的人"。

一、科学点亮生命之美

（一）科学美的育人功能

1. 科学中的美

科学美是审美心理、审美意识达到较高发展阶段的产物，离不开严密的理论思维与灵动的审美意识的渗透与交融，具有显著的以美导真的育人功能。第一，科学研究的对象常常具有美的特征，如显微镜下的细胞构造、遗传基因的双螺旋结构等。第二，科学研究的过程常常令科学家如痴如醉，达到全身心投入的存在体验。第三，科学发现的结果本身具有令人惊叹的美，科学家在取得突破性研究成果后也常会体验到一种仿佛打开自然奥秘之门的无与伦比的狂喜与沉醉。

天文物理学家、诺贝尔物理学奖获得者钱德拉塞卡一贯坚持，追求美是科学家从事科研的重要动机之一。他在《真与美》一书中提出，几乎所有科学家都认为广义相对论是一个优美的理论。以广义相对论为例可以看出，一个科学理论之所以美，主要是因为符合两条标准：一是奇异性，即形成理论的奇特思路、所得出的新颖结论达到了令人惊讶的程度，使人产生柳暗花明、别开洞天的感觉；二是和谐性，即理论的各部分之间以及各部分与整体之间恰到好处地协调一致，使人产生珠联璧合、天衣无缝的感觉。在强调科学美与人文美的交融、形式美与人性美的深层统一上，科学家们也有精彩论述，"牛顿的运动方程、麦克斯韦方程、爱因斯坦的狭义与广义相对论方程、海森堡方程、狄拉克方程等理论物理学的骨干部分之所以美"，是因为它们"以极度浓缩的数学语言写出了物理世界的基本结构"，其思路巧妙清晰，结构优雅而简单，内涵丰富而深刻，具有极大的解释能力和预见能力，"能使人产生奇妙感、壮丽感，进而产生庄严感、神圣感，甚至某种程度的畏惧感"。这些触及灵魂深处的美感，"表达的是对自然规律的崇敬，对人类创造力的赞颂以及献身科学的激情"①。显然，这正是以美导真的审美教育的题中应有之义。

2. 艺术让科学插上翅膀

科学里的终极的美是客观的，没有人类的时候就已经产生了。可是没有人类就没有艺术，也就没有艺术中的美。换句话说，科学中的美是"无我"的美，艺术中的美是"有我"的美。

"钱学森在《科学的艺术与艺术的科学》中提到，艺术思维的训练有助于科学想象力的培养。《原创》(Originals)一书中研究了科学家的艺术才能，书中提到，一位诺贝尔奖获得者与普通学者相比，前者会演奏乐器的可能性是后者的 2 倍，会艺术创作的可能性是后者的 7 倍，会表演、舞蹈或魔术的可能性是后者的 22 倍。"②艺术思维启发科学创新，科学技术进步推动艺术的发展。"爱因斯坦曾经说过：'如果通过逻辑语言来描绘我们对事物的观察和体验，这就是科学；如果用有意识的思维难以理解而通过直觉感受来表达我们的观察和体验，这就是艺术。'艺术与科学的融合具有历史必然性。探索和思考艺术与科学的关系和二者之间的相互影响，将是贯穿整个人类社会发展的重要课题，也是每个人的重要使命。"③

2015 年 4 月杨振宁教授应邀在中国美术馆学术报告厅，为听众做了一场题为"美在科学与艺术中的异同"的演讲。杨振宁用虹和霓的小例子，从物理学角度阐述了科学中的艺术之美。"我们从小就觉得霓虹特别美，这是因为它们是圆弧且具有特别的规律。虹是 42 度的圆弧，红色在外、紫色在里，而霓是 50 度的弧，红色在里、紫色在外。这是

---

① 王一川. 大学美育 [M]. 北京：北京师范大学出版社，2021：78.
② 张斯淇. 浅析艺术与科学的关系 [J]. 文化学刊，2021，124（02）：130.
③ 同上：131.

实践经验里美的标准例子。"杨振宁进一步解读说，"到了唯象理论，霓和虹是太阳光照到水珠里，在水珠里折射。在虹的小水珠里进行一次内反射，在霓里两次进行内反射，然后经过计算发现，一次或两次反射后，就会出来 42 度或 50 度的弧。"杨振宁又从理论架构上解读，"19世纪中叶，麦克斯韦方程式给我们解释了为什么有折射现象。到了 20世纪 70 年代，物理学家才了解麦克斯韦方程式的结构有极美的纯数学根源，叫作纤维丛。了解到这个层面后，我们对美的现象有了深层次认识，对美也有了更深层次的感受。"有趣的是，有观众提问科学家能否给艺术写一个方程式。对此，杨振宁表示，"艺术的美是不能用一个方程式捕捉下来的，但强调这一点并不代表艺术的美跟科学的美没有共同点。……非但艺术不能用一个方程式来描述，科学里的美也不是一个方程式所能概括的，因为它是很多方程式的总和。"

艺术的美让科学插上了翅膀。古今中外，无数伟大的科学家都与音乐、艺术有着不解之缘。18 世纪大数学家拉格朗日在意大利聆听音乐时，萌发了求积分极值的变分法念头；德国物理学家海森堡，由于受音乐理论中泛音振动的频率是基音振动的整倍数的启发，做出了原子跃迁的基频与次频的实验；英国化学家纽兰兹受音阶的启示而发现了原子递增的规律从而创造了"八音律"表。20 世纪两位物理学巨擘——"相对论"的开创者爱因斯坦和"量子论"的开创者普朗克的小提琴与钢琴二重奏也成为科学界的美谈。我国数学家华罗庚，地质学家李四光，力学家钱学森、钱伟长，诺贝尔科学奖项获得者屠呦呦等也都和音乐有着密切的联系。他们热爱音乐、热爱艺术，同时艺术也深深地影响着他们的科研创举。

小贴士

丹麦艺术家奥拉维尔·埃利亚松是当代活跃的艺术家，由他设计制作的沉浸式装置艺术，将他对自然的情感融入装置作品，让观众深深沉浸在他所营造的氛围之中。埃利亚松常年研究自然科学，水、气、冰晶，生物、空间几何学等都是他的研究对象和创作灵感来源。他的作品很多都是螺旋形、六边形、多面体，这些不规则图形充满设计感，在艺术创作的过程中，时常会伴随难以表达的情感，这部分情感会融入作品中，并被观众以他们各自的方式感受到，这些朦胧又难以言说的部分超越了语言，这便是艺术的魅力。如作品《声音银河》（图8-1）是由27个多面体组成的装置，每个多面体都犹如银河中一颗颗耀眼的行星，散发着钻石般的光芒，每一个发光体都可以被看作宇宙中的一个天体，它们的完美比例组成了一曲无声的银河乐章。

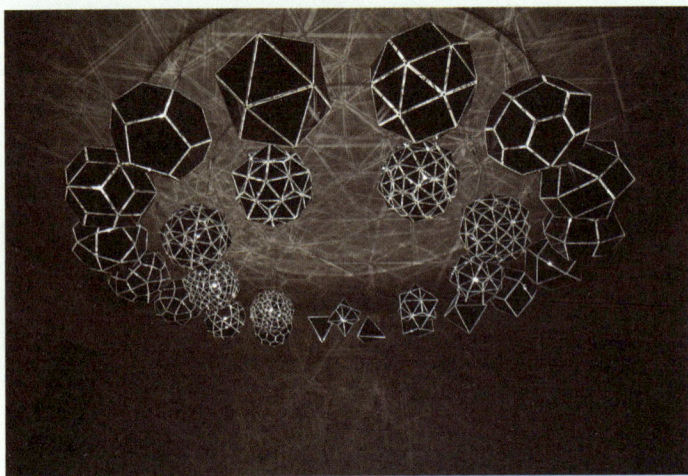

▷ 图8-1 《声音银河》

（二）科技美的创新力量

1. 审美推动科技创新

随着科技的高速发展，培养全面发展型人才和创新型思维将成为人才培养的主流方向。而美育与科学教育的完美融合，是其中不可或缺的动力。

人类科技史告诉我们，未来世界的进步呈现两种形式。第一，水平进步，也称"广泛进步"，即照搬已取得成就的经验直接从1跨越到N。水平进步很容易想象，因为我们已经知道了它是什么样的。第二，垂直进步，也称"深入进步"，意思是探索新的道路从0到1的进步。垂直进步较难想象，因为人们需要尝试从未做过的事。"如果你根据1台打字机造出了100台打字机，你就取得了水平进步。如果你有1台打字机，又造出了1台文字处理器，那就取得了垂直进步。"垂直进步构成了未知世界之美，在科技美学视角下，未知世界之美的实质，即存在于科技创新推动人类从已知世界的水平发展转向未知世界的垂直发展过程。

那么，从事开创性科学活动的人为什么会有不懈求索的精神？归根结底是好奇心驱动。在众多诺贝尔奖获得者的获奖感言或传记中，人们发现，好奇心是他们成功的内生动力。他们往往从孩提时期就对未知世界表现出积极主动的探索态度，产生了热衷于新奇感和非确定性的心理偏好。这种心理偏好又促使他们在创造性思维活动中产生无穷的毅力、耐心与美感召唤。朱光潜在晚年写就的《谈美书简》中强调："惊奇感正是美感中的一个重要因素。"①

因此，我们可以将科技的创新和进步归结于好奇心，而好奇心又来自美感的召唤，或者说，美的力量让科技得以不断发现与创造。

2. 科技创新中的产品美

事实证明，艺术和美学修养能够开发人脑、创新思维，激发大脑潜意识中的创造灵感，使左右脑沟通快捷有效，协同促进创新思维的形成与发展，为创新能力的培养打下良好的基础。科技高速发展的时代，离不开创新，创新的产品更让美成为"有用"的能源。

产品美并不如艺术品一样，只追求美，产品并不是为了给人欣赏的，而是在于使用体验。当今时代越来越关注产品美学，新能源汽车品牌更加兼顾美学设计与用户体验；设计美学在智能家居产品造型、色彩、功能中的应用也充分体现；仿生设计产品，则是把产品作为一种工具成为使人与自然更亲近的载体，即产品与生态美学的相得益彰。人工智能给我们带来了美好生活，贾伟、邢杰的《元宇宙力：构建美学新世界》试图从美学角度探讨元宇宙如何发展的一部著作，是作者对元宇宙时代新美学体系构建的一些思考。"随着元宇宙时代的到来，新世界的美学不只是艺术与技术结合这么简单，而是元宇宙四力迭代后的四美合一的元力美学系统——从现实世界里的美学金字塔，即自然之美、人文之美、商业之美、哲科之美、宗教之美、元宇宙之美展开阐述。"

美学价值可以赋予产品科技美感，人类通过科学技术驾驭自然，也可通过科学技术驾驭人类本身。然而从消费者的层面来说，消费群体并

---

① 朱光潜. 谈美书简 [M]. 北京：开明出版社，2019：131.

不是太在意所使用的技术本身，更在意科技所赋予的产品美感，即科技在产品上表现的"美"的结果。以某全透明彩色计算机为例，它一改传统计算机的形式，在外观上创新的整体使用有机曲线的形态，在色彩上大胆使用透明的、碰撞的色彩效果，这种"美"让这款计算机一上市就风靡全国。

产品的美来自文化的承载。产品美学价值本身就是一种文化表现，这种文化除了设计师的创造力和文化知识外，还可以通过迁移其他文化来实现，如民族或地域特色文化、工匠精神文化、传统优秀文化等。不同的文化会赋予产品不同的文化内涵，对于消费者来说，这些文化内涵无论在文化认同还是审美认知上都是近似的。

因此，美孕育了产品，产品也能赋予人生以美的享受。理想的产品美是功能美、风格美与生态美的统一，能发挥唤醒人与自然或外在环境和谐交融、生命共感的育人功能。在科技美学视角下，审美活动不仅直接涉及整个物质世界的感性形态即物质文明和精神文明维度，而且关涉生态文明维度。从生产活动过程到作为生产成果的产品，从生活空间到生活消费，无不存在生态审美和可持续发展问题。如今，好的设计必然是绿色设计，美的产品必定是节能型产品。显然，产品美在以美树信上大有可为，有助于使用者在日常生活实践中培养生态文明观和健康的生存价值观。

美的思考

你身边的哪些产品让你感受到美、体验到美？请从其产品背后的文化、技术、审美等因素找出答案并分享。

二、艺术升华生命之境

艺术能够培养我们的人文素质，提升感性智慧，美化我们的生活，点染生命的色彩。它推动人类感性文明的发展，在人类生活当中不可或缺。

（一）艺术提升人生质量

艺术实际上涉及人的全部方面，并且具有自己独特的特色。艺术或美育，是完善人性的必要方面，也是教育的基础。我们看到很多古代艺术作品是在宗教活动中，用艺术的方式表达人的敬仰和虔诚，比如教堂、庙宇、壁画等。人对于本能感受、人际关系、物质世界，还有神圣、理想境界，都有可能留下了活动的痕迹和图像，这些东西，我们今天都把它当作艺术。所以艺术的范围很广泛，如果我们学习艺术史，可能刚开始只接触凝聚人类活动极致部分的优秀杰作，然而如今生活在图像时代，更重要的是通过艺术，得到感知世界的方法，从不同的角度看待整个世界，从而剖析出生命的意义。

1. 艺术经典是心灵的创造

"艺术经典是人类历史上最伟大心灵的创造，美的秘密都包含在里面。"[①] 一切生命都值得探索，而艺术创作与生命意识紧密联系。艺术是一种审美意识形态。优秀的作品，本质都是相同的，能深入人的内心深处，引起共鸣，令人共情。艺术诉诸感觉、感情、知觉和想象，是人类切切实实的需求。大自然有最纯粹的美，人间有最纯粹的爱，而重现和升华这些质朴又崇高的东西，让其产生巨大的精神力量，让生活与情感中稍纵即逝的瞬间变成永恒，最好的表达方式是艺术。

蔡元培的美学教育系统，从感官的探索到感觉的开启，再到内心的感悟与灵性的感动，从而净化情感、陶冶情操。蔡元培设计了一套激发人们能观察美、发现美、感受美、表达美、创造美的教学系统。其中，通过"艺术教育"培养对音乐、文学、艺术、书法、摄影、电影等艺术门类的鉴赏力与创作力。因此，通过学习、了解、感受人类艺术史上的经典作品，体会艺术作品背后蕴含的超越感官之美的生命语言以及心灵升华。

2. 让艺术走进生活

艺术是人生命活动的组成部分之一，只是很少有人会意识到，或者意识到以后，很少有人会自我感悟和提升。在当代，艺术之美没有仅被人们当作"装饰性的"或"附属性的"，而是成为一种不可或缺的生活方式与追求目标。眼能看到，耳能听见，手能触摸，心能感受，我们就能逐渐成为一个自由、敏感而富有创造力的人，成为生活的艺术家。

美的分享

写下并分享一件让你感受到生命力量的艺术经典作品，可以是文学、诗歌、绘画、书法、音乐、影视、舞蹈、戏剧等任何艺术形式的作品。

① 叶朗. 美育是心灵的教育 [J]. 陕西教育（综合版），2021，180（Z1）：36.

南宋朱熹曾有诗："半亩方塘一鉴开，天光云影共徘徊。问渠那得清如许，为有源头活水来。"审美力，正是你我生活的"源头活水"。沉迷名利、与世沉浮的人，心里自然没有"天光云影"，他们的弊病就是精神生命的枯竭。

一个懂得审美的人，就不只是生存，而是在生活了。当我们对看似寻常的事物，用艺术的眼光来评判，以审美的情怀来体验，身不为物累，心不涉物欲，实现精神自由和心灵自适，这才是理想的生活境界。直抵人心的美，何须以烦冗的外表为夸饰，简单洗练，天然冲夷，才更显出动人神韵，这便是极简。

极简以简单到极致为追求，感官上简约整洁，品味和思想上更为优雅。虽简约，却不简单。而生活中的艺术，如花道、香道、茶道，都是人复归于自然的美的创造。一花一茶，一味一境，便可以造就生活中的闲情。一块石，一段竹，一团泥，一根木，从现实眼光出发，其价值并无多少，但本身的质朴总能让其绽放艺术的光辉。在中国文人的世界里，长物是其一生的良伴益友，瓶中插花，盆中养石，室中挂画，平添淡雅情致。

美的思考

生活中的日常，哪些成了艺术，哪些艺术又美化了生活？（例如：明代家具之美）

（二）艺术美育高尚人格

艺术美育是以语言艺术、表演艺术、视觉艺术和综合艺术为内容的审美教育活动，又被称为"艺术教育"。艺术美育是高职美育的核心，其根本目的是培养具有审美思维和创新精神的全面发展的人。

1. 艺术美育的根本任务

艺术美育的目标是通过艺术感性形象对个体心灵进行涵养，养成美好心灵。艺术美育的根本目的是培养具有审美思维和创新精神的全面发展的人，这也是高职美育的核心。我们的生活与艺术或多或少存在联系，如读小说、看电影、听音乐、赏绘画等。开展艺术美育能够开发学生的潜能，培养他们的审美思维和创新精神，促进其个性发展和人格心智的完善，提高学生综合素质。因此，广义的艺术美育强调普及艺术的基本知识和原理，通过对优秀艺术作品的欣赏和评价来拓宽学生视野，提高学生的审美修养、艺术鉴赏力和艺术素质，使学生形成健全的审美心理结构和以美好心灵为标志的健全人格。

艺术美育对于高职学生的精神培养具有举足轻重的作用。艺术是精神生活的重要组成部分，也是高职学生精神文化生活的一大来源。艺术美育体现出艺术的审美本质特征，即以情感人。在学生价值观念的培养过程中，艺术美育可以引导他们通过对优秀的艺术和生动的艺术形象的鉴赏去认识生活，从整体上把握事物，进而借助艺术的感性符号形式想象地把握人生与世界的意义，自觉地按照美的规律去改造自身和改造世界。

艺术美育能使大学生在艺术欣赏和创造过程中既得到理智的满足和情感的陶冶，又得创造的愉悦，促使他们潜移默化地受到教育。艺术美育能为学生涵养自身的高尚人格提供理想的形象范型。

艺术美育的根本任务，是涵养自身、是格心造物，通过对美的符号的把握深入艺术的文化层面。例如，建筑艺术是人类文化的显著成就之一，在欣赏不同民族、时代的建筑时，将其置于所处的文化语境中，我们就会发现这些情感是对时代文化内涵的真切反映。古埃及宏伟巨大的金字塔，是带有强烈原始意味的古埃及文化的体现。中国园林的曲径通幽、诗情画意，体现了中国传统哲学中天人合一的思想。可见，建筑中的形式符号能传达出历史、哲学、宗教等方面丰富的文化内涵。再如，现代派艺术是 20 世纪人类文化的显著成就，它大量运用抽象形式符号来表达主观情感，正是 20 世纪西方非理性哲学思潮的体现。

孔新苗《论为美育的艺术教育》提出"身心一体"是中国哲学与文化在艺术思维、艺术表达中的集中体现。王羲之描述自己书法创作时的体验："夫纸者，阵也；笔者，刀稍也；墨者，鍪甲也；水砚者，城池也；率领者，将军也；心意者，副将也；结构者，谋策也；扬笔者，吉凶也；出入者，号令也；屈折者，杀戮也……"书法创作过程如同将军指挥作战的自身体验，在书写过程中是意在笔先、间架经营、气韵贯通、点画写意的情感抒发。因而宗白华认为"中国的绘画、戏剧和中国另一特殊的艺术——书法，具有着共同的特点，这就是它们里面都是贯穿着舞蹈精神（也就是音乐精神）"①，由这个"身体"视角展开的艺术技

---

① 宗白华. 美从何处寻：宗白华美学文选 [M]. 济南：山东文艺出版社，2019：195.

能教学，正在于用青少年易于理解的、多门艺术通感的体验性身体经验引导，来实现技能学习与情感投入、"认识自己"的互动结合。

2. 成为审美的人

席勒说："若是要把感性的人变成理性的人，唯一的路径是先使他成为审美的人。"

艺术与生活日益融合，生活艺术化与艺术生活化已成现代社会的大趋势。因此，当代美育可以在艺术教育的基础上通过大众传媒、通俗文化、信息产业……融入"美"的知识与"美"的理念，让人们在日常生活中通过各种渠道接受审美教育，提高人们的审美素质，塑造人们的审美品格。

"以人的感官而言，各个部分都可以通过美育来提高它的质量。比如说眼睛。没有受过教育是一般的眼睛，但通过教育以后，就变成审美的眼睛。一个人懂得审美，他就是非常幸福的人，他不管是读书、看电影、看戏、观赏大自然，都能享受审美的愉悦，而且这种审美眼睛一定是超脱的。通过教育培养审美眼睛，感官就不一样了，生命质量就不一样了。"[①]

审美感受力是内在素养，艺术表达力是外在呈现。如美学家所言："在体验世界中，一切客体都是生命化的，都充满着生命的意蕴和情调。"在体验学习中，对学习对象的生命化把握需要学习者内在情感的主动投入，学习者的情感调动又依赖身体技能与表达愿望之间的效果体验，以及无限趋近过程中的满意与失意。艺术，正是触及生活体验与生命"内在关系"的重要途径；艺术技能，正是将身体经验与情感表达合一的实践过程。

美育之活力，在于回归生活、扎根生活，从"小美育"走向"大美育"。美育课堂不仅在教室、美术馆、音乐厅，更在每个人的日常生活中。美育的目的，是丰富学生的直观性，使其心灵能够敏捷地感受审美对象的形式、领悟其意义和体察其价值，从而实现各种能力全面、协调、和谐发展，促进人格的完善。这样的美育，是培养"生活艺术家"而不限于"艺术家"，它让每个人把生活过得像诗，像音乐，像舞蹈，

---

① 刘再复. 教育、美育与人的生命质量 [J]. 知识窗（教师版），2013，493（01），1.

即把生活美化，并以美提升生活质量。美育不在生活之外，而在我们生活的时时处处。美即人生，人生即美。文学家沈从文说："我的心总是为一种新鲜声音，新鲜颜色，新鲜气味而跳"①。

美育之伟力，在于涵养道德、升华生命。"艺术的第一利器，是他的美。艺术的第二利器，是他的力！"美之力何在？激发人去追求人生之纯粹价值。中华文化的一个特质是将生活化、道德化的艺术作为人格培养的基本手段。古今中外的艺术经典、伟大作品无不充满大美，也饱含大爱、大情怀、大境界。要培养有博大胸襟视野、高尚人格修养、高远精神追求的人，就必然要让他们走近经典、亲近经典，用大美滋养同情心、道德感、审美情，把普通人生升华为美好人生。

新时代美育，应该大力弘扬中华美育精神，以美怡情、以美养德、以美铸魂，唤醒每个人内心深处对超越性的追求，提升人生境界，把自己的生命融入民族、人类乃至天地的伟大存在之中！

---

① 张文振. 从湘西到北京 沈从文早期文学研究 [M]. 北京：中国戏剧出版社，2009：119.

课后审美实践

艺术能够培养我们的感性素质，提升感性智慧，美化我们的生活。思考并制定一个"艺术滋养我的美"的年度计划，可以通过打卡或任务的形式，计划并实施让艺术走进你的生命之中。

《艺术滋养我的美》年度计划

我今年的计划是……

进度表

阶段	具体时间段	具体安排
阶段一		
阶段二		
阶段三		
阶段四		

拓展阅读 »

- 林语堂《生活的艺术》（图 8-2）
- （英）伯特兰·罗素著，张鑫毅译《教育与美好生活》
- （日）杉本博司著，林叶译《艺术的起源》
- 朱光潜《人间至美》
- 木心《素履之往》

▷ 图 8-2 《生活的艺术》书影

[1] 海德格尔，伽达默尔，弗里德希·威廉姆海尔曼. 艺术作品的本源 [M]. 孙周兴，译. 北京：商务印书馆，2022.

[2] 宗白华. 美学散步 [M]. 上海：上海人民出版社，2015.

[3] 宗白华. 艺境 [M]. 北京：商务印书馆，2011.

[4] 朱立元，邱明正，陈超南，等. 美学大辞典 [M]. 上海：上海辞书出版社，2010.

[5] 蔡元培. 精神与人格：蔡元培美学文选 [M]. 合肥：安徽文艺出版社，2015.

[6] 蔡元培. 蔡元培美学文选 [M]. 北京：北京大学出版社，1983.

[7] 朱光潜. 朱光潜谈美 [M]. 上海：华东师范大学出版社，2012.

[8] 夏野. 中国古代音乐史简编 [M]. 上海：上海音乐出版社，2004.

[9] 王迎新. 美器重光：云南紫陶记 [M]. 武汉：华中科技大学出版社，2021.

[10] 木心. 文学回忆录 [M]. 上海：上海三联书店，2020.

[11] 李泽厚. 华夏美学 [M]. 武汉：长江文艺出版社，2021.

[12] 李泽厚. 美的历程 [M]. 北京：人民文学出版社，2021.

[13] 圣克莱尔. 色彩的秘密生活 [M]. 李迎春，译. 长沙：湖南文艺出版社，2019.

[14] 艾德华. 像艺术家一样思考3：贝蒂的色彩 [M]. 朱民，译. 哈尔滨：北方文艺出版社，2008.

[15] 伊顿. 色彩艺术 [M]. 杜定宇，译. 北京：北京科学技术出版社，2021.

[16] 周翊. 色彩感知学 [M]. 长春：吉林美术出版社，2015.

[17] 曼特. 摄影构图与色彩设计 [M]. 赵嫣等，译. 北京：中国青年出版社，2009.

[18] 袁芳. 设计色彩 [M]. 天津：天津人民美术出版社，2011.

[19] 黄毅，吴化雨. 构成设计基础 [M]. 2 版. 北京：中国轻工业出版社，2019.

[20] 沙家强. 大学美育十六讲 [M]. 北京：高等教育出版社，2019.

[21] 布朗. 电影摄影：理论与实践 [M]. 丁亚琼，译. 北京：世界图书出版公

司北京公司，2015.

[22] 让·图可. 光线的艺术——摄影布光大师班 [M]. 张思伟等，译. 北京：中国摄影出版社，2018.

[23] 孙维权，姚方正. 中外名曲旋律辞典 [M]. 上海：上海音乐出版社，1992.

[24] 李近朱. 交响世界 [M]. 北京：人民邮电出版社，2018.

[25] 冯彬. 音乐与心灵的对话：中国民族音乐鉴赏 [M]. 长春：吉林出版集团股份有限公司，2021.

[26] 姚勇. 大学生美育 [M]. 北京：中国人民大学出版社，2021.

[27] 王圣民. 美育小札 [M]. 北京：生活·读书·新知三联书店，2017.

[28] 黄高才. 大学美育 [M]. 北京：北京大学出版社，2018.

[29] 刘洋. 高校"美育+公益"创新体系建构研究 [M]. 成都：四川大学出版社，2020.

[30] 施惟达，段炳昌. 云南民族文化概说 [M]. 昆明：云南大学出版社. 2004.

[31] 黄汉民. 福建土楼：中国传统民居的瑰宝 [M]. 北京：生活·读书·新知三联书店，2017.

[32] 熊明. 建筑美学纲要 [M]. 北京：清华大学出版社，2004.

[33] 戴志坚. 闽台民居建筑的渊源与形态 [M]. 福州：福建人民出版社，2003.

[34] 周尚仪. 金属工艺 [M]. 长春：吉林美术出版社，1996.

[35] 郑静，邬烈炎. 现代金属装饰艺术 [M]. 南京：江苏美术出版社，2001.

[36] 王汉卿. 金属装饰艺术教程 [M]. 北京：中国纺织出版社，2004.

[37] 李春霞. 遗产 源起与规则 [M]. 昆明：云南教育出版社，2008.

[38] 段义孚. 空间与地方：经验的视角 [M]. 王志标，译. 北京：中国人民大学出版社，2017.

[39] 项飙，吴琦. 把自己作为方法 [M]. 上海：上海文艺出版社，2020.

[40] M. Konner. The Enigmatic Smile[J]. Psychology Today, 1987, 3: 42–46.

[41] 臧艺兵. 被遗忘的天使歌声——音乐人类学与童谣研究 [J]. 中国音乐，2022（04）：51–61.

[42] 柯庆明. 文学美综论 [M]. 沈阳：春风文艺出版社，1988.

[43] 潘伯鹰. 中国书法简论 [M]. 上海：上海辞书出版社，2013.

[44] 老舍. 大家小书：文学概论讲义 [M]. 北京：北京出版社，2016.

[45] 邹红. 如何欣赏戏剧之美 [J]. 语文建设，2018（10）：9–13.

[46] 王一川. 大学美育 [M]. 北京：北京师范大学出版社，2021.

[47] 罗素. 教育与美好生活 [M]. 张鑫毅，译. 上海：上海人民出版社，2019.

[48] 张斯淇. 浅析艺术与科学的关系 [J]. 文化学刊，2021（02）：129–131.

[49] 贾伟，邢杰. 元宇宙力：构建美学新世界 [M]. 北京：中国对外翻译出版公司，2022.

[50] 叶朗. 美育是心灵的教育 [J]. 陕西教育（综合版），2021（Z1）：36–37.

[51] 孔新苗. 论为美育的艺术教育 [J]. 美育学刊，2022，13（04）：1–10.

[52] 刘再复. 教育、美育与人的生命质量 [J]. 知识窗（教师版），2015（01）：1.

[53] 本刊评论员. 用大美升华人生境界 [J]. 人民教育，2019（10）：1.

郑重声明

高等教育出版社依法对本书享有专有出版权。任何未经许可的复制、销售行为均违反《中华人民共和国著作权法》,其行为人将承担相应的民事责任和行政责任;构成犯罪的,将被依法追究刑事责任。为了维护市场秩序,保护读者的合法权益,避免读者误用盗版书造成不良后果,我社将配合行政执法部门和司法机关对违法犯罪的单位和个人进行严厉打击。社会各界人士如发现上述侵权行为,希望及时举报,我社将奖励举报有功人员。

反盗版举报电话 (010) 58581999 58582371
反盗版举报邮箱 dd@hep.com.cn
通信地址 北京市西城区德外大街 4 号
           高等教育出版社知识产权与法律事务部
邮政编码 100120

读者意见反馈

为收集对教材的意见建议,进一步完善教材编写并做好服务工作,读者可将对本教材的意见建议通过如下渠道反馈至我社。

咨询电话 400-810-0598
反馈邮箱 gjdzfwb@pub.hep.cn
通信地址 北京市朝阳区惠新东街 4 号富盛大厦 1 座
           高等教育出版社总编辑办公室
邮政编码 100029

资源服务提示

授课教师如需获得本书配套教学资源,请登录"高等教育出版社产品信息检索系统"(http://xuanshu.hep.com.cn/)搜索本书并下载资源,首次使用本系统的用户,请先注册并进行教师资格认证。

联系我们

高教社高职语文教育研讨 QQ 群:638427589